MERIAN *live!*

W0173905

Mecklenburgische Seenplatte

Für den Berliner Reisejournalisten
Jürgen Sorges liegt die Mecklenburgische Seenplatte gleich vor der Haus-
tür. Am liebsten erkundet er Kultur-
historisches, er ist aber auch viel im
Kanu unterwegs.

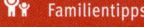

👫	Familientipps	
♿	Diese Unterkünfte haben behindertengerechte Zimmer	
🐕	In diesen Unterkünften sind Hunde erlaubt	
◎	Ziele in der Umgebung	

Preise für ein Doppelzimmer mit Frühstück:

€€€€ ab 130 €   €€ ab 70 €
€€€ ab 100 €   € bis 70 €

Preise für ein dreigängiges Menü ohne Getränke:

€€€€ ab 50 €   €€ ab 25 €
€€€ ab 35 €   € bis 25 €

Inhalt

◄ Der Neue Markt in Waren (Müritz) mit dem
Turm der Marienkirche (▶ S. 48).

Unterwegs in der Mecklenburgischen Seenplatte **38**

Touren und Ausflüge **92**

Wissenswertes über die Mecklenburgische Seenplatte **102**

✳ Karten und Pläne

Willkommen in der Mecklenburgischen Seenplatte, dem »Land der 1000 Seen«. Doch der wahre Schatz sind die tief in ihrer Heimat verwurzelten Menschen.

»As uns Herrgoot de Welt erschaffen ded, fung hei bi Mecklenborg an.« Dass die Genesis der Erde und damit der Nabel unserer Welt eindeutig nur im Mecklenburgischen liegen könne, da war sich Fritz Reuter sicher. Deutschlands bedeutender Mundartdichter machte im 19. Jh. nicht nur das deftige »Plattdütsch« hoffähig. Er impfte den Menschen um Teterow und Güstrow, Feldberg, Neustrelitz, Waren oder Plau neues Selbstbewusstsein ein, mochten auch andere, wie der eiserne Kanzler Otto von Bismarck, frotzeln, wenn die Welt unterginge, solle man ruhig nach Mecklenburg ziehen, dort passiere alles 50 Jahre später.

Der in Stavenhagen geborene Dichter wusste jedenfalls um den Reichtum des Landes und den Wert seiner Bewohner. Den winzigen Schönheitsfehler, Gott habe an der Ostseeküste begonnen, gibt Reuter in »De Urgeschicht' von Meckeln-borg« (1874) gern zu. Womöglich übte der Allmächtige anfangs! Spätestens an der Südgrenze des Landes aber war er in seinem Metier: Aus großzügig gefülltem Füllhorn sprudelte die Mecklenburgische Seenplatte. Niederungen füllten sich mit glasklarem, türkisblau schimmerndem Wasser, gesäumt von schattigen Wäldern mit opulenter Wild- und Pflanzenpracht. Kurzum:

◀ Paddeln mit Kajak oder Kanu (▶ S. 29) ist auf den Gewässern der Seenplatte die Sportart Nummer eins.

Der Mensch entdeckte umgehend diesen natürlichen Garten Eden – und blieb.

8000 Jahre Besiedelung hinterließen ihre Spuren bei jenen, die auch durchs unablässige gemeinsame Rücken der vielen Trumms aus Gottes Spielzeugkiste, der eiszeitlichen Findlinge, geprägt wurden. Der gute Fritz aus Stavenhagen beschrieb ihren lebensweisen Charakter so: »Alles bliwvt bin' ollen« (Alles bleibt beim Alten) und »Nix ward ännert« (Nichts wird geändert)! Aber wer wollte es den bodenständigen Seenplattlern auch verübeln, keine Korrekturen an ihrer einmalig gelungenen Welt vorzunehmen?

Geschützte Naturvielfalt

Heute profitiert der seit 2011 größte deutsche Landkreis von der gewachsenen Beharrlichkeit der Menschen vor Ort. Schon lange vor der Wende begannen sie, die Schönheit und Vielfalt ihres Landstrichs zu schützen. Dass Gäste heute Fisch- und Seeadler bestaunen, den Zug der Kraniche bewundern, das Rascheln eines Dachses hören, Hirsche und Wildschweine erspähen und die gesunde Luft UNESCO-geschützter Buchenhaine oder »tausendjähriger« Eichen genießen können, wäre ohne die frühen DDR-Naturschützer undenkbar. Ihr Einsatz führte zur Konversion militärischer Sperr- und Manövergebiete zu Naturparks und viel Platz für Urlaub und Erholung: 40 Prozent der Fläche des Kreises Mecklenburgische Seenplatte sind geschützt – einmalig in Deutschland. Dass in den zurückliegenden beiden Dekaden auch Änderungen und Verbesserungen anfielen und viel Geld floss, um die Reize der Seenplatte für alle zugänglich und erlebbar zu machen, ist kein Widerspruch! Nun gilt es, diese Schätze zu entdecken – auch in winzigen Dörfern, auf Waldpfaden oder in der von Gutshäusern und Schlössern gesprenkelten, prägnant geformten Eiszeitlandschaft.

Mitteleuropas größtes Seengebiet

Müritz, Plauer See, Kleinseenplatte oder Seenlandschaft sind blaue Perlen im Paradies. Wasser, so weit der Blick schweift, fischreich und Habitat für Störche, gleichzeitig mit Badespaß und Segelfreuden für jeden, mit Uferwanderungen oder Kanu- und Kajaktouren zu Biber, Reiher oder Eisvogel. Oft sind es schmale, von Baldachinen grüner Blätterdome überspannte Bachläufe, die zum Quaken der Frösche das still pulsierende Herz der Seenplatte offenbaren.

Kunst und Kultur

Ob in den barocken Residenzstädten Güstrow und Neustrelitz, den Kunstsammlungen Neubrandenburgs, im prächtig restaurierten Herrensitz oder im Künstleratelier der Dorfkate: Stolz wird die eigene Kultur und Architektur vorgezeigt, stolz glänzt die alte Fachwerk- und Klinkerarchitektur der Bauerngehöfte. Fritz Reuter wäre sehr zufrieden: »Und schön heri't in'n Ganzen worden, dat weit jeder, de dorin buren is und tagen.« Für Besucher: »Und schön ist es geworden. Das weiß jeder, der darin geboren und alt geworden ist.«

MERIAN-**TopTen** MERIAN zeigt Ihnen die Höhepunkte der Region: Das sollten Sie sich bei Ihrem Besuch in der Mecklenburgischen Seenplatte nicht entgehen lassen.

1 Müritz-Nationalpark
Das grüne Herz der Seenplatte ist in Teilen seit 2011 UNESCO-Weltnaturerbe (▶ S. 36).

2 Alte Synagoge, Röbel
Engagement und Fleiß schufen das sehenswerte Museum zur Geschichte der Juden in Mecklenburg-Vorpommern (▶ S. 53).

3 Schlossgarten Neustrelitz
Auch ohne Schloss lädt der Park der Barockstadt zum Flanieren und zu Kunst, Kultur und Musik ein (▶ S. 55).

 4 Naturpark Feldberger Seenlandschaft
Klares Wasser und Buchenwälder laden zum Erkunden und Erholen ein (▶ S. 60).

 5 Schlossinsel Mirow
Die frisch renovierte Residenz präsentiert auch die drei berühmten Prinzessinnen des Hauses Mecklenburg-Strelitz (▶ S. 62).

 6 Barlachstadt Güstrow
Die Spurensuche nach dem Werk des großen Bildhauers Ernst Barlach lohnt einen vollen Tag (▶ S. 67).

7 Kloster Dobbertin
Das denkmalgeschützte frühere Benediktinerstift ist ein Paradebeispiel norddeutscher Backsteingotik (▸ S. 75).

8 Gesamtkunstwerk Basedow
Das Architekturjuwel mit Schloss, Landschaftspark und Kirche gilt als eine der schönsten Anlagen im Land (▸ S. 86).

9 Fritz-Reuter-Literaturmuseum, Reuterstadt Stavenhagen
Das Museum huldigt dem Leben und Schaffen des bedeutendsten niederdeutschen Dichters (▸ S. 88).

10 Schlosshotel Burg Schlitz
Deutschlands Hotel des Jahres 2012 verwöhnt Kunstfreunde und Gourmets gleichermaßen (▸ S. 90).

MERIAN-Tipps Mit MERIAN mehr erleben.

Nehmen Sie teil am Leben der Region und entdecken Sie die Mecklenburgische Seenplatte, wie sie nur Einheimische kennen.

 Ich weiß ein Haus am See, Krakow am See
Das regionale Nonplusultra der Kochkunst liegt versteckt am Krakower See (▸ S. 15).

 Der Garten von Marihn
Im Namen der Rose ... Genießen Sie den Spaziergang durchs Blütenmeer (▸ S. 21).

 Filzmanufaktur Ülepüle, Retzow
Mode und Kunsthandwerk in der offenen Werkstatt an der Lehm- und Backsteinstraße sind für alle ein Erlebnis (▸ S. 22).

 Festspiele Mecklenburg-Vorpommern
Dreh- und Angelpunkt der Festspiele ist das Schloss Ulrichshusen (▸ S. 25).

 Bolter Schleuse
Das Petrijünger-Dorado am Südende des Müritz-Nationalparks ist auch für Nichtangler ein Hit (▸ S. 27).

 Kanu-/Kajaktour Mecklenburgische Kleinseenplatte
Paddeln von Feldberg durch die Kleinseenplatte bis zur Müritz dank Fisch-Kanupass (▸ S. 30).

Bärenwald Müritz, Stuer
Gleich 15 Braunbären leben am Plauer See in ihrem naturnahen Habitat (▸ S. 33).

Hörspielkirche Federow, Müritz-Nationalpark
Lauschangriff mit Genuss im restaurierten Landkirchlein am Parkeingang (▸ S. 51).

Hans-Fallada-Museum, Carwitz
Das Büdnerhaus, Rückzugsort von Schriftsteller Hans Fallada, beherbergt nun das Fallada-Museum (▸ S. 61).

Schloss Bornmühle, Groß Nemerow
Luxus, Golf und Wellness ... Das Wohlfühlparadies am Südende des Tollensesees ist Anziehungspunkt für Gesundheits- und Sportbegeisterte (▸ S. 85).

Das Gartenrestaurant des Hotels See-
stern (▶ S. 53) an der Röbeler Binnenmüritz ist ein beliebter Zwischenstopp
(nicht nur) für Paddler.

Zu Gast in der **Mecklenburgischen Seenplatte**

Familienfreundlich ausgerichtete Aktivitäten, Traditionsfeste und eine deftige Landküche sorgen für Abwechslung und erlebnisreiche Ferientage.

Übernachten
Die Mecklenburgische
Seenplatte bietet ein breit gefächertes, familienfreundlich
orientiertes Übernachtungsangebot – von der gemütlichen
Heuherberge bis zum luxuriösen Adelsdomizil.

◄ Das Gutshaus Ludorf (► S. 18) mit Bio-Küche nennt sich nicht umsonst »Romantik Hotel«.

Ein Gutteil der über 1000 **Gutshäuser** und **Landschlösser** im Land stehen in der Seenplatte und in der Mecklenburgischen Schweiz. Als Rückgrat und Aushängeschild der Hotellerie besitzen diese aufwändig restaurierten Prachtbauten oft grandiose Landschaftsparks. Luxuriöse Schlossübernachtungen sind eine Attraktion, und es gibt zahlreiche Anbieter (www.schlosshotel-mv.de, www.mein-urlaub-im-schloss.de, www.schloesser-gaerten-mv.de, www.von-schloss-zu-schloss.de, www.gutshaeuser.de/urlaub).
Angesagt sind Schlösser-Rundreisen, die per Bus oder Pkw, per pedes, mit dem Fahrrad, hoch zu Ross oder sogar im Kanu unternommen werden können. In Herbst- und Winterspecials werden Doppelzimmer schon für etwa 60 € pro Nacht angeboten.

Familienland MV

Dank vielfältiger, qualitativ guter Übernachtungsmöglichkeiten zu vernünftigen Preisen ist Mecklenburg-Vorpommern ein ausgewiesenes Familienreiseland. Als familienfreundlich ausgezeichnete Hotels werden regelmäßig vom Tourismusverband überprüft und zertifiziert. Sie sind am Logo »Familienland MV« erkennbar. Auch der beliebte Hausbooturlaub im größten zusammenhängenden Binnenwassersportrevier Mitteleuropas lässt sich familienfreundlich gestalten.
Pensionszimmer finden sich in den entlegensten Orten. Heiß begehrt sind zu Ferienwohnungen umgerüstete Fischerkaten an den Seen.

Ferien auf dem Bauernhof

Attraktiv für Kinder sind Ferien in freier Natur, mit Haus- und Stalltieren. Bauern- und Reiterhöfe bieten verlockenden, aktiven Mitmach-Urlaub (Angebote z. B. bei Landurlaub Mecklenburg-Vorpommern, Tel. 03 81/4 03 06 31, www.landurlaub.m-vp.de oder Landtourismus Marketing, Tel. 0 30/28 44 41 19 10, www.landsichten.de). Ein großer Spaß gerade für die Kleinen sind die sehr preiswerten Heuherbergen, etwa in der Feldberger Seenlandschaft.

Bett & Bike

Nicht nur entlang der Fernradwege sind zahlreiche Gasthöfe und Hotels auf Tourenradler und -wanderer bestens vorbereitet. Geboten wird nicht nur radlerspezifische Kost, sondern auch sichere Unterbringung der Räder, kleinere Reparaturhilfen und viele aktuelle Wegetipps. Der Allgemeine Deutsche Fahrradclub (ADFC) überprüft, listet und zertifiziert diese Betriebe, die mit dem Schild »Bett & Bike« auf sich aufmerksam machen (ADFC e.V., Tel. 03 81/37 70 69 76, www.adfc-mv.de/bett-bike.html; www.bettundbike.de/bundesland/mev).
Auskünfte zu sämtlichen Übernachtungsangeboten bietet der Tourismusverband Mecklenburgische Seenplatte, Röbel, Turnplatz 2, Tel. 03 99 31/53 80, www.mecklenburgische-seenplatte.de/uebernachten.

Empfehlenswerte Hotels und andere Unterkünfte finden Sie bei den Orten im Kapitel ► Unterwegs in der Mecklenburgischen Seenplatte

Preise für ein Doppelzimmer mit Frühstück:

€€€€ ab 130 €	€€ ab 70 €
€€€ ab 100 €	€ bis 70 €

Essen und Trinken
Zur traditionell kalorienreichen Hausmannskost Mecklenburgs gesellt sich heute eine gesundheitsbewusste, oft vegetarische Küche, die auch verwöhntesten Gaumen mundet.

◄ Im Parkhotel Klüschenberg (► S. 45) in Plau am See filetiert Jana Unger Große und Kleine Maränen.

Das reiche Agrarland Mecklenburg-Vorpommern hat seit 1989 auch kulinarisch einen Aufschwung erlebt. Neben landwirtschaftlichen Großbetrieben sorgen Bauernhöfe und Erzeuger nun für erstklassige Produkte, deren Qualität die Speisekarten positiv bereichert. Traditionelle Basis vieler Gerichte ist die Kartoffel, die mecklenburgisch »Tüffel« und »Tüfte«, in Feldberg und der Uckermark aber »Nudl« heißt. Klassiker sind Mecklenburgische Kartoffelsuppe, z. B. mit Backpflaumen und Räucherspeck (Tüffel un Plum), Himmel und Erde oder Mecklenburger Rippenbraten.

An der Seenplatte ist Bier Getränk Nummer eins. Führend ist das Lübzer Pilsener. Durstlöschenden Gerstensaft produziert auch das Brauhaus Müritz in Waren. Prächtige Obsternten füllen die lokalen Mostereien, in denen leckere Biosäfte abgefüllt werden. Im Advent und zu Weihnachten ist der Mecklenburger Gänsebraten ein Muss!

Delikates aus Seen und Wäldern

Den größten kulinarischen Reichtum bergen die Gewässer. Star unter den Speisefischen ist der Zander. Liebhaber schätzen auch Hechte, Karpfen sowie Große und Kleine Maränen. Eine Zierde jeder Karte sind Flusskrebse. Gourmets schwören auf das Gold der Binnenseen, den Müritz-Kaviar! Er wird vom Rogen der Kleinen Maräne gewonnen. Auch Kaviar vom Hecht findet sich auf mancher Speisekarte. Als feste

Größe unter Feinschmeckern gilt auch das Müritz-Lamm.

Die Wälder bringen Wildschwein, Hirsch und Reh mit heimischen Waldbeeren, Pilzen und Wildkräutern auf den Tisch. Saucen und Desserts werden gern mit Sanddorn aus Ludwigslust verfeinert. Fest etabliert sind Landgasthöfe mit Biokost und Vollwertküche. Der Verein landaktiv e.V. fördert die Produktionskette vom Hof direkt auf die Gabel. Slow Food steigert die Esskultur mit dem Convivium Mecklenburgische Seenplatte (Marihn) und dem Convivium Müritz (Gutshaus Ludorf).

MERIAN-Tipp 1

ICH WEISS EIN HAUS AM SEE …
► S. 117, F 2

Der unangefochtene Primus der Seenplattenküche präsentiert sich von der Straße schlicht, von der Seeseite als Garten Eden. Spitzenkoch Raik Zeigner und Sommelier Adi König verwöhnen Gäste im lichtdurchfluteten Restaurant mit Kamin. Promillesorgen gibt es nicht: Die Familien Laumen und König bieten nach exzellentem Absacker 20 Betten. Renner sind Geschenkgutscheine für Sternstunden-Wochenenden. Krakow am See, Paradiesweg 3 • Tel. 03 84 57/2 32 73 • www.hausamsee.de • €€€€

Empfehlenswerte Restaurants finden Sie bei den Orten im Kapitel ► **Unterwegs in der Mecklenburgischen Seenplatte**

Preise für ein dreigängiges Menü:

€€€€ ab 50 €	€€ ab 25 €
€€€ ab 35 €	€ bis 25 €

grüner
reisen

Wer zu Hause umweltbewusst lebt, möchte dies vielleicht auch im Urlaub tun. Mit unseren Empfehlungen im Kapitel grüner reisen wollen wir Ihnen helfen, Ihre »grünen« Ideale an Ihrem Urlaubsort zu verwirklichen und Menschen zu unterstützen, denen ein verantwortungsvoller Umgang mit der Natur am Herzen liegt.

Nachhaltigkeit pur – per pedes und Pedal

Der außerordentlich reiche, deutschlandweit einmalige Naturschatz der Mecklenburgischen Seenplatte ist Verpflichtung und Herausforderung zugleich. Der Wandel zu einer der beliebtesten deutschen Urlaubsregionen kam nicht von allein. Mit Millionen-, wenn nicht Milliardenaufwand entwickelte man eine völlig neue Infrastruktur, allem voran ein gut ausgebautes und beschildertes Rad- und Wasserwegenetz für naturnahe Erholung im grünen Sinn. Bahnen und Busse sorgen darüber hinaus für exzellente Rahmenbedingungen für »klimaneutral« erlebbare Ferientage.

Längst hat auch die Mehrheit der Einheimischen die ökologischen Vorzüge und die ökonomische Zukunftsfähigkeit des nachhaltigen Wirtschaftens im Tourismus, dem wichtigsten Erwerbszweig der Region, erkannt. In der deutlichen Zunahme ökologisch orientierter Hofläden macht sich dies auffällig bemerkbar. Auch erste ökologisch ausgerichtete Biohotels vernetzen sich. Besucher können ihren Beitrag leisten: im Kleinen – etwa bei der Müllvermeidung oder beim Handtuchwechsel im Hotel – und im Großen bei der grünen, keineswegs teureren Wahl energiesparender Verkehrsmittel.

ÜBERNACHTEN

BIO-Landhotel »Zur Scheune« in Bollewick 👫👫 ▶ S. 120, A 10

Deutschlands größte Feldsteinscheune setzt auf Kunsthandwerk und Bio-Wohlgefühl. Der Clou sind zwei »Schneewittchenzimmer« für je acht Gäste unterm Dach. Kulinarisches gibt es im Bäckereicafé und im Gutsherrenkeller. Die Dorfschenke (tgl. 11–23 Uhr) setzt auf Bioküche (Gemüsebratlinge, Sauerfleisch) und frisch gezapftes Biobier aus dem hauseigenen Brauhaus Müritz (Waren). Silke Dreyer legt im Wellnessbereich harmonische Gesichtsmasken, z.B. mit Avocado und Banane, auf.
Bollewick, Dudel 1 • Tel. 03 99 31/5 80 70 • www.bio-landhotel-zur-scheune-bollewick.m-vp.de • 25 Zimmer • €–€€

fabrik. Neustrelitz 👫👫 ▶ S. 120, C 10

Das Ökohotel liegt 300 m vom Zentrum hinter der alten Kachelofenfabrik, die mit Kino und Konzerten, schönem Gartencafé und Kneipe aufwartet.
Neustrelitz, Sandberg 3a • Tel. 0 39 81/20 31 45 • www.basiskulturfabrik.de • 24 Zimmer, 8 Appartements, 8 Ferienhäuser • 🐾 • €

Heuherberge & Reitstall Wittenhagen 👫👫 ▶ S. 121, E 10

Die beiden Räume mit je 30 Schlafplätzen direkt über dem Pferdestall von Gut Conow sind preiswert (mit Frühstück) und ein Erlebnis für Familien, Wanderreiter und Radtourenfans. Die Angebotspalette reicht von Ponyführen, Voltigieren, Reitausflügen und Kutschfahrten über Surfen, Wasserski und Floßfahrten bis zu Seeadler- und »Green-mile«-Exkursionen (2,5 Std.) im Elektroboot (Ranger Tours, Tel. 03 98 31/2 21 74). Eine Eiszeitscheune mit Museum ist in Planung.
Feldberger Seenlandschaft (Wittenhagen), Zansenweg 8–10 • Tel. 01 74/9 19 42 84 • reitstall.gut-conow.de • 60 Betten • 🐾 • €

ESSEN UND TRINKEN

Alte Schule Fürstenhagen 🐾 ▶ S. 121, F 10

Der sterneverdächtige österreichische Koch Daniel Schmidtthaler und Nicole Uthmann servieren feinste Regio-Landküche. Top ist das Menü »Heimatkunde«. Besonders beliebt sind auch Daniels Kochkurse zu Wildkräutern und Pilzen. Brautpaare feiern gegenüber in der Hochzeitsscheune.
Feldberger Seenlandschaft (Fürstenhagen), Zur Alten Schule 5 • Tel. 03 98 31/2 20 23 • www.hotelalteschule.de • Mi–So 18–22 Uhr, Juni–Sept. auch Di • €€€€ • Hotel (8 Zimmer, plus 10 in der Hochzeitsscheune) €€

Landlieb ▶ S. 117, F 1

Das zertifizierte Biorestaurant auf Gut Gremmelin erfüllt höchste Gourmetansprüche und ist Mitglied der Initiative ländlich fein e.V. Die wöchentlich wechselnde Speisekarte präsentiert Saisonales, z.B. Pastinakensuppe, Gremmeliner Brotzeit oder Lachs. Im Sonntagscafé mit Sonnenterrasse wird Kuchen nach Großmutters Rezepturen serviert. Dazu gibt es Biokochkurse, Rohkostseminare, Yoga-, Tanz- und Malkurse. Übernachten kann man ebenfalls: im Biohotel mit Reetdach.
Gremmelin, Am Hofsee 33 • Tel. 03 84 52/51 10 • www.gutgremmelin.de • Mo–Sa 18–22, So 14–17 Uhr • €€€ • 🐾 • Hotel (30 Zimmer) €€€–€€€€

Morizaner ▸ S. 120, A 10

Im **Romantik Hotel Gutshaus Ludorf** bei Röbel hat sich Küchenchef Thomas Köpke, nebenbei Autor des Müritz-Kochbuchs, ganz der Slow-Food-Philosophie verpflichtet. Auf der Speisekarte finden sich Kreationen wie Carpaccio vom Bollewicker Weideochsen, Hirschkalb an Kartoffelbaumkuchen und Schweinelendchen »Caspar Ohm« in Schwarzbrotkruste, außerdem vegetarische Gerichte und ayurvedische Kost. Poesie in acht Strophen sind Köpkes »Leibgerichte des Alten Fritz« (Flusskrebse, Teltower Rübchen). Frei nach Fritz Reuter: »Dit Äten wünsch ich mir all lang, dor wässert eim der Mund.«

Ludorf, Rondell 7 • Tel. 03 99 31/ 84 00 • www.gutshaus-ludorf.de • Mo–Fr ab 15 (Kaffee, Kuchen), 18–22, Sa, So, feiertags 12.30– 22 Uhr • €€€€ • Hotel (23 Zimmer) €€€–€€€€

EINKAUFEN

Biobutze ▸ S. 117, E 3

Der zentral gelegene Laden führt Produkte von Biohöfen ringsum, dazu leckeres Holzofenbrot, Käse und Milch vom Siebengiebelhof Drenkow in Demeter-Qualität.

Lübz, Am Markt 4 • Tel. 03 87 31/ 47 09 53 • www.biobutze.de • Mo–Fr 10–17, Do 10–18, Sa 9–11.30 Uhr

Himmel & Erde ▸ S. 117, E 1

Uta Zorbas Naturkostladen führt Regio-Produkte, Wollwaren und Kosmetik. Dreimal die Woche liefert der Biohof Medewege Frischobst und die Hofbäckerei leckere Kuchen für die Café-Ecke.

Güstrow, Hageböcker Str. 7 • Tel. 0 38 43/77 48 35 • Mo–Fr 10–18, Sa 9–12 Uhr

Klosterläden Dobbertin
▸ S. 117, E 2

Hier gibt es Klostererzeugnisse aus den Behindertenwerkstätten, dazu Bärlauch-, Raps- und Fenchelöl, Apfelbalsam, Bärlauchessig, Senf, Gewürze und Tee aus den nahen Klöstern Dargun und Rühn. Auch im Kloster sind ein Secondhandshop (Mo, Mi 12–15, Di 9–11, 17–19, Do 9–11 Uhr) und die Kerzenzieherei (Mo–Fr 7–11.30, 12.30–15 Uhr).

Dobbertin, Am Kloster 1 • Tel. 03 87 36/8 61 00 • www.kloster-dobbertin. de • Mai–Sept. Di–Fr 11–17.30, Sa, So, feiertags 11–18 Uhr

Land gut ▸ S. 120, A 10

Vis-à-vis der Feldsteinscheune verkaufen Gerda Lichtenau und die Erzeugergemeinschaft Seenland Müritz seit 2012 Biofleisch und Wurst, Käse vom Ziegenhof Retzow, Sirup und Marmelade aus Nossentiner Hütte, Mehl aus Alt-Kahlen, Eis und Milch aus Priborn, Topinambursaft, Fruchtaufstrich und Kräuteröle. Im Bistro kann man Snacks probieren.

Bollewick, Dudel 20 • Tel. 03 99 31/ 5 38 92 • www.landgut-bollewick. de • tgl. 10–17, Okt.–März Do–Sa 11–16 Uhr

Schäferei Hullerbusch 🎋
▸ S. 121, E 10

Der Ökohof (350 rauwollige Pommersche Landschafe, 50 Edelziegen) beliefert den Schäferladen mit Lamm-, Schaf- und Ziegenwurst, Käse vom Ziegenhof Regow, Brot, Honig, Strickwolle, Wollwesten und Filzpantoffeln. Das Ziegenmilcheis schmeckt prima. Schäfer Heino Hermühlen lädt zu Touren mit den Schafen ein (3 Std.).

Feldberger Seenlandschaft, Hullerbusch 2 • Tel. 03 98 31/2 00 06 •

Das Ökohotel fabrik. Neustrelitz (▶ S. 17) ist ein idealer Ausgangspunkt für Tageswanderungen und Ausflüge per Rad und Boot.

www.schaeferei-hullerbusch.de • tgl. 11–18, Winter Fr–So 11–18 Uhr

AKTIVITÄTEN

Heilige Hallen mit Paradiesgarten 👭👶   ▶ S. 121, E 10

Bei den Heiligen Hallen handelt es sich um Deutschlands ältesten Buchenwald. Er wurde 1880 zum großherzoglichen Schongebiet ernannt und steht seit 1938 unter Naturschutz. Im Wald liegt der Paradiesgarten, ein forstbotanisches Versuchsgelände, auf dem noch sieben der 27 Baumarten, die 1881 gepflanzt wurden, gedeihen, u. a. die Scheinzypresse. Eiben und Douglasien kamen hinzu. 2012 platzierten Schüler der Flensburger Fachschule für Holzbildhauerei 16 Waldgeister, auch Rübezahl und Pan. Führungen starten am Waldmuseum »Lütt Holthus«.

Feldberger Seenlandschaft (Lüttenhagen), Forsthof 2 • Tel. 03 98 31/ 5 91 25 • Juni–Aug. Do 9.30–12.30 Uhr • Führung 3 €, Kinder 1,50 €

Yoga in der Büdnerei Lehsten   ▶ S. 118, C 8

Wellness-Massagen und Yoga für Urlauber (20 € bzw. 13 €), Schmuck-, Töpfer-, Mal- und Kräuterzauber-Workshops machen Brunhilde und Hans Schmalischs Bauernhaus zu einem Ort der Ruhe und Entspannung. Monatlich gibt es im Hoftheater »Kultur in der Bude«, mit Klezmer, Blues, Swing und Kammermusik. Im Galeriecafé im alten Kaufmannsladen mit Dielenboden und Lehmwänden sind Kunst und Antiquitäten ausgestellt.
Lehsten, Friedrich-Griese-Str. 31 • Tel. 03 99 28/56 39 • www.buednerei-lehsten.de • 16 Betten • €/€€

Einkaufen
Vielfältige Kunsthandwerksarbeiten und hochwertige Lebensmittel aus heimischer Produktion bieten sich als schöne Mitbringsel ebenso an wie als nachhaltige Urlaubserinnerungen.

◀ Das Landcafé des Gartens von Marihn (▶ MERIAN-Tipp, S. 21) steht ganz im Zeichen der Rose.

Fest- und Wochenmärkte, allen voran die »Grünen Märkte« in Waren, Neubrandenburg, Feldberg und Neustrelitz, verfügen wie überdachte Bauernmärkte über ein großes Sortiment an Kunsthandwerk und Leckereien. 37 Anbieter versammelt die Gemeinschaft »Region im Markt« in der **Scheune Bollewick**. Erste Adressen sind auch der alte **Schafstall Basedow** und der **Müritzer Bauernmarkt** in Klink.

Delikatessen

Fisch ist hoch geschätzt. Die Müritzfischer-Läden bieten ihn fangfrisch und geräuchert. Online gibt es Hechtkaviar, rare Spezialitäten bestellt man in der Fischmanufaktur. Der Transport ist dank des speziellen Kühlverfahrens »Superfrostselection« problemlos. Auch die Fischereihöfe »Obere Havel« in Wesenberg, Canow, Mirow und Ahrensberg offerieren Frisch- und Räucherfisch, Marinaden und kleine Leckereien für auf die Hand. **Müritz-Wild** aus dem Nationalpark verkauft Axel Holst in Waren. Rotwildfilet, -schinken und -salami aus eigener Herstellung lohnen den Weg zum Bio-Wildhof von Elfi Zacharias in Mamerow. Köstlichkeiten wie Bohnenkraut- oder Estragonessig, Rosmarinöl, Fruchtaufstrich aus Quitte oder Holunder, Senf, Honig und Wunderfeld-Biosaft, aber auch Nistkästen und Gartensamen, Taschen, Ketten, Schals, Bücher, CDs und Spezialwerkzeug zum Lehmbau führt der gut sortierte Wunderfeld-Laden in Plau am See.

MERIAN-Tipp **2**

DER GARTEN VON MARIHN
▶ S. 120, C 9

Dieser Garten, eine Mischung aus altem englischen Park, Nutzgarten und moderner Gartenarchitektur, ist einen Besuch wert! 9000 Englische Rosen sind hier zu bewundern, die an der Kasse und im Gartencafé in Form von edlem Rosengeist, Rosensirup und feinstem Rosengelee sogar mitgenommen werden können. Marihn, Hofstr. 3 • Tel. 0 39 62/ 25 70 59 • www.dergartenvon marihn.de • Mai–Aug. tgl. 10–18, Sept., Okt. Sa, So 10–18 Uhr • Eintritt 8 € Kinder bis 7 Jahre frei

Kräuter und Wildfrüchte gibt's in der Manufaktur Löwenzahn in Nossentiner Hütte. Anke Bayler verkauft auch Chutneys, Kräutersalz, Sirup, Tee, Blütenzucker und Geschenkköfferchen. Kräuter, Pflanzen und Regio-Produkte bietet Mecklenburg-Vorpommerns größter **Kräutergarten Wangelin**. Eine glänzende Idee hatte Norbert Kroll: Die Seenplatten-Spezialitäten sind als MeckPom-Kiste von daheim zu ordern. Die Tausendseen-Kiste ist 2013 im Handel.

Hofläden

Tüften (Kartoffeln) direkt vom Bauern, Sanddornprodukte aus Ludwigslust, Gemüse, Obst, Käse,

Empfehlenswerte Geschäfte und Märkte finden Sie bei den Orten im Kapitel ▶ *Unterwegs in der Mecklenburgischen Seenplatte.*

Honig und Schinken, Kunsthandwerk, Mode und lokale Spezialitäten lösten einen Boom auf die Hofläden aus. Viele laden in Hofcafés auch zum Plausch bei Kaffee und Kuchen ein. Der Landestourismusverband hat 92 Tipps zusammengestellt (www.landurlaub. m-vp.de, interaktive Karte: www. auf-nach-mv.de/karte).

Hofläden mit Café sind z. B. in der Schänke »von Blücher« (Schloss Teschow) oder in der Kleinseenplatte im Demeter-Naturladen Seewalde zu besuchen. Berit Botschatzkes Reiterhof vereint Rad- und Reitpension, lädt zu Kutschfahrten (im Winter Pferdeschlitten) sowie Reit- und Erlebnisangeboten für Kinder ein: mit Ziegenbock Paul, Hund Fussel, Eselin Gerda und den Pferden Charly, Krümel und Liebling Poldie. Hofcafé und Laden führen Omas Strick-

wollsocken, Marmelade, Eier, Honig, Saft sowie Blut- und Leberwurst.

Leckeren Ziegenkäse Marke »Müritzblau«, Ziegen-Joghurt, indisch inspirierte Meck-Ghee-Ziegenbutter, Lamm, Wurst und die Ziegenmilchseife »Müritzschaum« produziert das Ziegengut »Hinter den 7 Bergen« in Kraase. Testen kann man alles in Schaukäserei und Café »Meckerstübchen«.

Kunstgewerbliches, Kerzen und Lebensmittel stapeln Gudrun Kölb und Maxi Ernst im Speicher Woggersin. Kaffee wird in der Eulenstube serviert.

Mit Straußenfedern und -eiern, Kuscheltieren und Staubwedeln erlebt der Federboa-Kult auf dem Straußenhof Brandt in Vipperow eine Renaissance. Möglich macht dies die Blauhalsstraußenzucht. Ebenfalls im Verkauf sind Straußen- und Grillfleisch, Eierlikör vom Straußenei, Bratwurst und Schinken.

Mit Leinen, Bambus und Seide fertigt Susanne Fischer-Geißler Naturmode im Look der Vier Jahreszeiten. Daneben verkauft sie französischen Wein und präsentiert die Ausstellung »Mein Gartenjahr« im Sommerladen Minzow.

Genuss und guter Zweck

Der Naturladen Seewalde veräußert auch Erzeugnisse der betreuten Werkstätten Seewalde und der biodynamischem Gärtnerei. Im Warener **Papillon** gibt's Dritte-Welt-Produkte und Töpferwaren, Schmuck, Kerzen, Spielzeug, Textilien, Obst, Gemüse, saisonale Floristik sowie Geschenkartikel des Lebenshilfswerks Waren, das Behindertenwerkstätten, Gärtnereien und den Müritzhof im Nationalpark betreut.

MERIAN-Tipp

FILZMANUFAKTUR ÜLEPÜLE, RETZOW ▶ S. 117, E 4

»Ülepüle« ist Plattdeutsch und bedeutet »Schmetterling«. Die Modedesignerin Claudia Stark wählte diesen reizvollen Namen und verkauft im 200 Jahre alten Fachwerkhaus hinter der Retzower Dorfkirche schicke Schals, Stulpen und Blumenarrangements. Das Filzen kann man in Seminaren erlernen.

Retzow, Am Dorfplatz 49 • Tel. 03 87 37/2 01 24 • www.claudia-stark.de • April–Sept. Mi 12–20, Do, Fr 12–18, Sa 13–17 Uhr • Eintritt 1 €, Führung 2 €

Feldberger Seenlandschaft – wo die Sonne die Eiszeit berührt

Besuchen Sie eine der jüngsten und schönsten Endmoränenlandschaften Europas mit einer einmaligen Landschaftsform, geprägt von sanften Hügeln und kristallklaren Seen.
Der einzigartige natürliche Rahmen für ein vielfältiges Angebot an Kunst, Kultur, Erholung und Aktivitäten.

Ausführliche Informationen erhalten Sie bei der
Touristinformation/ Kurverwaltung
Feldberger Seenlandschaft · Strelitzer Str. 42
17258 Feldberger Seenlandschaft
Tel. 039831 2700 · willkommen@feldberg.de
www.feldberger-seenlandschaft.de

Erlebnis und Erholung am Ellbogensee

Inmitten eines herrlichen Kieferwaldes, am Ortsrand von Strasen, einem Ortsteil von Wesenberg, liegt direkt am See der 148.000 m² große Ferienpark mit seinen 21 komfortablen, winterfesten Blockhäusern. Jedes Haus verfügt über 2 Schlafzimmer, ist 64 m² groß und für 2 – 5 Personen geeignet.
Zum Park gehört eine große Badebucht mit Liegewiese, sowie ein separater Hundebadestrand. Im kleinen Hafen sind ausreichend Liegeplätze vorhanden.

Vermietung und Verkauf: Tel. 039828–259150
www.ferienpark-am-see.de · info@ferienpark-am-see.de

Feste und Events

Feste und Events Konzerte und Marathonläufe, Segelregatten und Traditionsereignisse wie das Hechtfest in Teterow machen die Seenplatte rund ums Jahr zu einem attraktiven Urlaubsziel.

◄ Die Festspiele (► MERIAN-Tipp, S. 25) sind das wichtigste Kulturereignis Mecklenburg-Vorpommerns.

MAI
Müritz-Sail, Waren
60 000 Gäste strömen zu Segelregatten, Drachenbootrennen, Flottenparade, Fischerstechen und Tauziehen.
Anfang Mai

Hechtfest, Teterow
Umzug, Markt, Musik und Tanz am Hechtbrunnen.
Wochenende vor Pfingsten

Kunst offen
Künstler öffnen ihre Ateliers zum Blick auf und hinter die Leinwand!
Pfingsten

JUNI/JULI
Festspiele im Schlossgarten, Neustrelitz
Operette und Musical, 2013 mit Andersons »Des Kaisers neue Kleider« und Kálmáns »Gräfin Mariza«.
Ende Juni bis Mitte Juli

Stadtfest, Güstrow
Rund um den Markt mit Programm für die ganze Familie.
Drittes Wochenende im Juni

Fusion Festival, Flughafen Rechlin-Lärz
Mega-Musiktreff mit Theater und Tanz!
Vier Tage Ende Juni

JULI
Badewannenrallye, Plau am See
Feuerwerk und Badewannenball locken an die Elde zum Spaß im Nass: Badewannen-Rallye und -Rennen.
Mitte Juli

MERIAN-Tipp

FESTSPIELE MECKLENBURG-VORPOMMERN
100 Sommerkonzerte locken Besucher u. a. in den Schinkelsaal Burg Schlitz, in den Schlosspark Land Fleesensee und die Konzertkirche Neubrandenburg. Das Festspielherz schlägt in Schloss Ulrichshusen, wo Intendant Mathias von Hülsen alles startete.
www.festspiele-mv.de • Juni–Sept. und im Advent • Eintritt ab 20 €, Kinder zahlen die Hälfte

AUGUST
Müritz-Lauf, Waren
Ultramarathon, Teamlauf, Handbike-Rennen und der Städtelauf von Röbel nach Waren.
Ende August

SEPT./OKT.
Müritz Fischtage
Frischfisch und feine Küche, dazu der Fischzug an der Metzow, Krebse essen in Alt-Schwerin, die Ausstellung Müritz-FISCHart und das GenussFinale in Waren.
Ende Sept./Anf. Okt. (14 Tage)

1000-Seen-Marathon
Halbmarathon, Marathon und Langstreckenrennen auf der »Großen Acht« (Labuser See), alles mit dem Kanu.
Anfang Okt.

NOVEMBER
dokumentART
Mit Szczecin (Stettin) veranstaltetes Euro-Dokumentarfilmfest.
Mitte Nov.

Sport Radwandern, Angeln, Kanu, Kajak oder
Segelfliegen – zu Lande, zu Wasser und in der Luft bietet
die Seenplatte stets Gelegenheit für aktive Erholung und
spannende Urlaubserlebnisse.

◄ Liftwart Steffen Lubs zeigt auf der Wasserski-Seilbahn-Arena am Reitbahnsee (▶ S. 31) eine Actionszene.

Sport und Bewegung werden an der Seenplatte seit je großgeschrieben. Dies betrifft keineswegs nur den Leistungssport in der Sportlerhochburg Neubrandenburg. Mehr und mehr Breitensportler nutzen die üppigen Möglichkeiten der Natur. Dazu zählen organisierte Stadt- und Regionalläufe ebenso wie Radausflüge und organisierte Wanderungen. Der Ausbau vieler Wege zu Erlebnispfaden kommt auch der gesundheitlichen Ertüchtigung entgegen. Die dafür nötige Infrastruktur ist 20 Jahre nach der Wende bestens entwickelt. Dass auch in der Ruhe viel Kraft schlummert, beweisen die Wellness-Angebote vieler Hotels und Freizeitbäder ebenso wie das sich ständig erweiternde Angebot alternativer, ganzheitlich orientierter Erholungsmöglichkeiten.

Naturgemäß nimmt der Wassersport rund um die Müritz eine hervorgehobene Stellung ein. Es gibt unzählige ausgewiesene, zumeist frei zugängliche – allerdings nur selten überwachte – Badestellen. Nicht minder vielfältig ist das Angebot für Segler, Bootskapitäne und Hausbootfahrer. Wasserski ist inwie outdoor möglich. Den meisten Zuspruch erleben die Kanuten mit einmaligen Touren durch Europas größtes zusammenhängendes Wasserrevier. Per Kajak oder Canadier lässt sich die Natur aus völlig neuer Perspektive erleben, Paddeltouren zu Eisvogel, Reiher oder Fischadler gehören dazu.

Mehr noch als die mit Plätzen verwöhnten Golfer haben Angler die Seenplatte für sich entdeckt. Von Aal bis Wels oder Zander kann alles gefangen werden. Schließlich darf man in der Seenplatte auch in die Luft gehen. Rundflüge, lautloses Gleiten im Ballon oder sogar Sprünge aus den Wolken sind möglich.

Grundsätzlich gilt für alle: Sämtliche Naturschutzregeln sollten aufmerksam beachtet und befolgt werden, um das grüne Paradies der Seenplatte zu pflegen und für zukünftige Generationen zu erhalten! Dazu zählt in freier Natur vor allem auch die Vermeidung von Müll und Waldbränden.

ANGELN

Saisonal unterschiedlich landen 50 verschiedene Arten im Kescher. Der 28 Tage gültige Fischereischein für jedermann (20 €, Verlängerung 13 €) ist bei den Touristinformationen und online (www.mueritz fischer.de) erhältlich. Hinzu kom-

MERIAN-Tipp 5

FISCHER- UND ANGELHOF BOLTER SCHLEUSE 🏺

▶ 120, B 10

In den Angelteichen des Angelhofs Boek schwimmt auch der delikate Stör. Für Kinder gibt es einen eigenen Teich, Angelausrüstung kann geliehen werden. Gegenüber der Räucherei verkauft die Fischer-Rotunde prima »Fischerbrötchen«.

Boek, Bolter Mühle 4 • Tel. 03 98 23/2 77 54 • www.mueritzfischer. de • April–Juni, Sept., Okt. tgl. 8–16, Juli, Aug. 8–20 Uhr, Nov.– März geschl. • Tageskarte 10 €

men die Angelkarte für die Gewässernutzung und Urlaub auf der Müritz-Fischer-Route in Eldenburg, Waren, Malchow und Vipperow sowie geführte Angeltouren auf MS »Wolldüpp« oder MS »Prof. Wundsch«. Karpfenangeln heißt es an Loppiner und Torgelower See, Krugsee, Mühlensee (Jabel) und Big Carp Lake (Canow).

Müritzfischer ▸ S. 120, B 9

Waren, Eldenholz 42 • Tel. 0 39 91/1 53 40 • www.mueritzfischer.de • Angelkarte 11 €/Tag • Boot 10 €/Std., 55 €/Tag • Angeltour 40 €, Kinder 30 €

Pro Nature Mecklenburg-Vorpommern ▸ S. 117, F 3

Angelausflüge an Müritz, Fleesensee und Plauer See auch für »Kids on Tour«.
Nossentin-Silz, Am Park 10 • Tel. 03 99 27/88 98 84 • www.pronature-mv.de • ab 60 €, Kinder 55 €

BALLONFAHREN

Ballonfahren Mecklenburg-Vorpommern ▸ S. 117, F 2

Die Ballons heben ab Güstrow, Krakow, Plau und Waren ab.
Krakow am See, Wilhelm-Pieck-Str. 38 • Tel. 03 84 57/5 01 45 • www.ballonfahren-mv.de • 150–200 €

Ballon-Team Usadel ▸ S. 121, D 9

Lautlos über der Seenplatte schweben. Los geht's am Tollensesee.
Blumenholz, Usadeler Str. 17 • Tel. 03 98 24 /2 02 82 • www.ballonteam-usadel.de • 180 €

Mecklenburger Ballonfahrten

Romantik pur ab Plau am See, Güstrow, Parchim oder Schwerin.
Schwerin, Wittenburger Str. 17 • Tel. 03 85/39 36 87 73 • www.mecklenburger-ballonfahrten.de • 185 €, Kinder 165 €

BOOTSTOUREN

Bootsverleih wird an zahllosen Seen geboten. Wanderer Kanu bietet Rudern, Surfen, Paddeln, Tretbootfahren und Kuttertouren auf Güstrows Inselsee, wo Rettungsschwimmer über Badende wachen, und unterhält Stationen am Seehotel Krakower See, der Radleihe Schlosspark Güstrow, in Groß Breesen, Wassermühle Kuchelmiß, Van der Valk Resort Linstow und Draisinenstation Karow. Tipp für Gruppen: Abenteuer auf der Mildenitz mit der Borkower Dschungelschute ab Kanucamp Borkow.

Wanderer Kanu, Rad und Reisen ▸ S. 117, E 1, E 2

Güstrow, Inselsee • Tel. 01 70/9 59 88 94 • www.wanderer-aktivtour.de • 5 €/Std., 30 €/Tag • Schute (3,5 Std.) 10 €, Kinder 4 €

FAHRRAD FAHREN

Der Mecklenburgische Seenradweg Lüneburg–Wolgast erschließt im Abschnitt Lübz–Neubrandenburg die Seenplatte. Markierte Routen hat der Müritz-Nationalpark. Renommierte Veranstalter organisieren individuelle Havelweg- und Müritz-Touren mit Gepäcktransport und Kanu-Exkursionen.

Mecklenburger Radtour

Hat 23 Touren im Bereich der Seenplatte im Angebot.
Stralsund, Zunftstr. 4 • Tel. 0 38 31/30 67 60 • www.mecklenburger-radtour.de • 1 Woche ab 350 €

Radreisen Mecklenburg

▶ S. 117, E 4

Kombitouren »Paddel & Pedale« und E-Bike-Trips in Feldberger Seenlandschaft, an Müritz und Kleinseen.
Kreien, Am Feldweg 6 • Tel. 03 87 33/22 98 16 • www.radreisen-mecklenburg.de • Tour ab 259 €

FALLSCHIRMSPRINGEN

Flugagentur Mecklenburg-Vorpommern

Der Sprung aus den Wolken aus 4000 m Höhe ist ab dem Flugplatz Neustadt-Glewe möglich. Unabdingbar für den Tandemsprung sind max. 95 kg Körpergewicht, Turnschuhe, bequeme Kleidung und gute Laune. Im Sommer 3–4 Wochen im Voraus buchen.
Laage, Zehlendorfer Weg 12 • Tel. 0 18 05/66 99 49 • www.flugagentur-mv.de • 209 €

GOLF

Die Seenplatte ist ein Golferparadies. Zu den bekannten Anlagen zählen der Golfclub Schloss Teschow oder die 9-Loch-Courses im Golfclub Tessin oder Golfclub Mecklenburg-Strelitz am Hotel Bornmühle (Tollensesee).

Radisson Blue Resort Fleesensee

▶ S. 120, A 9

Drei 18-Loch- und zwei 9-Loch-Anlagen, Golfarena, Put- and Pitch, Übungsbunker und Training mit Golflehrer Oliver Heuler.
Göhren-Lebbin, Schlossstr. 1 • Tel. 03 99 32/8 01 00 • www.radissonblu.com/resort-fleesensee/golf

KANU/KAJAK, PADDELN

Ob 15 km-Trip oder 50 km-Langstrecke: Für die Planung von Paradies-, Havelquellen-, Tollensesee- oder Flößerweg-Tour in Europas

Radtouren (▶ S. 28), ob organisiert oder auf eigene Faust, gehören in der Mecklenburgischen Seenplatte zu den beliebtesten Urlaubsaktivitäten.

MERIAN-Tipp 6

KANU-/KAJAKTOUR MECKLEN-
BURGISCHE KLEINSEENPLATTE
▶ S. 121, E 11

Christoph Thum ist eine Kanu-
sport-Legende. Mit Bruder Marcus betreibt er die Kanustation
Treibholz und führt in Ruhe und
mit Piratentuch auch kombinierte
Rad-/Kajaktouren von Feldberg
bis Kleinseenplatte oder Müritz. Gute Touren bieten auch
Biber Tours (Diemitz) und die
Kanustation Mirow.
Lychen, Oberpfuhlstr. 3 a • Tel.
03 98 88/4 33 77 • www.treibholz.
com • Mai–Sept. tgl. 10–18 Uhr •
Tagestour ab 29 €, Mehrtagestour ab 79 €

größtes Binnenwasserrevier ist die
Broschüre »Paddeln im Land der
1000 Seen« hilfreich (www.tausend-
seen.de).
Beim Ein- und Aussetzen der Boote
helfen Kanutaxis der Verleiher. Ach-
tung: Kein Alkohol auf dem Wasser!
Motorboote befahren die Schleusen
zuerst, Kanus müssen warten!

Camping- und Freizeitpark
Havelberge ▶ S. 120, C 10
Ferienhäuser, 140 Kanus, Drachen-
boote und Kanu-Guides.
Groß-Quassow-Userin, Woblitzsee •
Tel. 0 39 81/2 47 90 • www.havel
tourist.de • 17–23 €/Tag

Kanu Hecht ▶ S. 120, C 9
Per pedes, Rad oder Kanu in den
Müritz-Nationalpark.
Kratzeburg, Dalmsdorf 6 • Tel. 03 98
22/1 79 83 • www.kanu-hecht.de •

Kanu 15–25 €/Tag • Nationalpark-
tour (6 Std.) 26 €

Kanubasis Mirow ▶ S. 118, B 6
Kanuvermietung, Klassenfahrten
und Segelkurse am Kummerower
See.
Salem, Am Hafen 1 • Tel. 03 99 23/
71 60 • www.kanubasis.de • 20 €/Tag

Kanustation Mirow ▶ S. 120, B 11
Die Station ist offizieller National-
park-Partner mit Filialen in Krakow,
Ludorf und Plau.
Mirow, An der Clön 1 • Tel. 03 98 33/
2 20 98 • www.kanustation.de •
16–35 €/Tag

Kormoran Kanutouring
▶ S. 120, C 10
Hat 40 Kanus und noch viel mehr
Fahrräder im Verleih.
Kratzeburg, Granzin 38 • Tel. 03 98
22/2 98 88 • www.kormoran-kanu
touring.de • ab 22 €/Tag

Nordlicht Kanu ▶ S. 121, D 11
Unterhält ein Netz von Stationen
und veranstaltet Sommercamps mit
Eltern/Kind-Nomadentouren.
Fürstenberg/Havel, Brandenburger
Str. 33 • Tel. 03 30 93 /3 71 86 (Sa,
So), Tel. 030/69 40 13 06 (Mo–Fr) •
www.nordlicht-kanu.de • Kanu 21 €,
Rad 8 €/Tag

QUAD-BIKES
Quad Tour Mecklenburg-Strelitz
▶ S. 121, E 10
Holger Jänke bietet aufregende, um-
weltverträgliche Thementouren auf
vier schnellen Rädern.
Feldberger Seenlandschaft, Neuhofer
Str. 14 • Tel. 01 70/6 63 03 28 •
www.quad-tour.de • Tour 25–140 €,
Mitfahrer 5 €

REITEN

Gestüt Ganschow   ▶ S. 117, E 2

Tagesritte, Kutsch- und Kremserfahrten, Unterricht und Kinderferien. Ein Magnet sind die Stutenparaden im Juli.
Ganschow, Gestüt 3 • Tel. 03 84/5 82
02 26 • www.gestuet-ganschow.de

Pferdehof Zislow   ▶ S. 117, F 4

Ein Traum am Waldrand südöstlich
des Plauer Sees mit Kinderferienhotel und Ausbildungsstall.
Zislow, Alter Forsthof 5 • Tel. 03 99
24/25 61 • www.pferdehof-zislow.de

RUNDFLÜGE

Müritz, Neustrelitz und Rheinsberg
aus der Vogelperspektive gibt es auf
Panoramaflügen ab Flughafen Rechlin-Lärz (30–45 Min.; 129 €). Vom
Flugplatz Rostock-Laage geht es auf
Schlösser- und Burgentour in die
Mecklenburgische Schweiz (1 Std.;
179 €). Ab Wasserflugstation Seeluster Bucht in Plau am See heben
Wasserflugzeuge zur 5-Seen-Tour ab
(40 Min.; 139 € Kinder 99 €). Sechs
Routen auch nach Rügen/Usedom
sind ab Flugplatz Neubrandenburg
möglich (15–90 Min.; 89–219 €). Ab
Flugplatz Parchim-Schwerin geht es
zu Plauer See und Müritz (60 Min.;
160 €). Clou: Ab drei Buchungen
fliegt der Dritte für 10 €.

SEGELFLIEGEN

Aero Club Güstrow   ▶ S. 117, E 1

Genießen Sie die Barlachstadt von
oben, aber nur bei gutem Wetter.
Güstrow, Glasewitzer Chaussee • Tel.
01 76/34 51 71 99 • www.segelflug.
sport-in-guestrow.de • April–Okt.
Sa, So 9–18 Uhr • Windenstart 15 €,
Segelflug 40 €/Std., Motorsegler
120 €/Std.

SEGELN, SURFEN, WASSERSKI

Katamaran- und Surfmühle
▶ S. 120, B 10

Segel-, Windsurf- und Wasserskikurse, Bootsführerschein, Inline-
Skating und Nordic Walking. Vorbildlich sind die Angebote für
Menschen mit körperlichen Einschränkungen.
Rechlin (OT Boek), Am Müritzufer 2 a • Tel. 03 98 23/2 13 80 •
www.surfmuehle.de • Segeltörn
15 €, Kinder 8 €

Arena am Reitbahnsee
▶ S. 119, D 8

845 m lange Wasserski- und Wakeboard-Seilbahn am Reitbahnsee.
Höchstgeschwindigkeit: 58 km/h!
Mit Restaurant und Sonnenterrasse.
Neubrandenburg, Reitbahnweg 90 •
Tel. 03 95/4 21 61 61 • www.wasserski-seilbahn.de • Mo–Fr 12–20, Sa,
So 10–20 Uhr • Eintritt (1 Std.) 14 €,
Kinder 10 €

TAUCHEN

Tauchcenter D.I.V.E   ▶ S. 120, B 9

Tauchkurse und Verleih von Equipment. Tauchexkursionen z. B. zum
Pinnower See.
Waren, Friedrich-Engels-Platz 11 •
Tel. 0 39 91/18 04 21 • Mo–Fr 9–18,
Sa 9–13 Uhr

WANDERN

Die Region bietet Wanderlust ohne
Grenzen: Zu Ranger- und GPS-
Touren im Müritz-Nationalpark, auf
dem Buchenwald-Erlebnispfad im
UNESCO-Teilgebiet Serrahn und
der Fridolin-Wanderung in Feldberg
gesellt sich seit 2011 die 250 km lange Pilgerpfad Mecklenburgische Seenplatte (www.pilgerweg-meckln
burgische-seenplatte.de).

Familientipps
Klettertouren in Baumwipfeln, Draisinenfahrten durchs Hügelland, Sommerrodeln, Segeltörns oder spektakuläre Begegnungen mit Tieren: Abenteuer für Groß und Klein sind ganzjährig realisierbar.

◄ Kajakstationen gibt es an zahlreichen Seen, wie hier bei Treibholz (▶ MERIAN-Tipp, S. 30) in Lychen/Uckermark.

BADEN

Müritztherme ▶ S. 120, A 10

Das Sport- und Spaßbad an der Müritz bietet eine 57-m-Rutsche, einen Strömungskanal und ein Kleinkinderbecken. Für Erwachsene stehen ein großes Wellnessangebot, eine Kegelbahn und ein Bistro bereit. Röbel, Am Gotthunskamp 14 • Tel. 03 99 31/8 78 19 • www.mueritz therme.de • tgl. 9–21 Uhr • Eintritt (2 Std.) 8 €, Kinder 5 €

Oase ▶ S. 117, E 1

Es regnet? Auf zur Sonneninsel in die mediterrane Erlebniswelt des Oase-Hallenbades. Zu Sauna und Wellness kommt Spiel & Spaß in Rudi's KinderKlub (Mo, Di, Do, Fr 14.30–16.30 Uhr). Güstrow, Plauer Chaussee 7 • Tel. 0 38 43/8 55 80 • www.oaseguestrow. de • tgl. Juli, Aug. 10–21, Sept.–Juni 11–21 Uhr • Eintritt (2 Std.) 7,50 €, Kinder 4 €

DRAISINENFAHRTEN

Mecklenburger Draisinenbahn
▶ S. 120, B 9/S. 117, F 3

Die Mecklenburger Draisinenbahn befährt die Strecken Waren–Schwinkendorf (13 km) und Karow–Borkow (23 km) seit 2012 auch mit bequemen Elektro-Draisinen (plus 15 €) und bietet Kombitouren (Draisine–Kanu–Rad oder Draisine–Kutsche–Schiff). Waren, Lokschuppen am Bhf. und Karow, Damerow-Kaserne • Tel. 03 99 31/5 45 06 • www.draisine-mecklen burg.de • tgl. 9–10, 13.30–14.30, Abendfahrt ab 17.30 Uhr • Draisine

MERIAN-Tipp **7**

BÄRENWALD MÜRITZ, STUER
▶ S. 117, F 4

15 Braunbären tummeln sich im unlängst auf 16 ha erweiterten Bärengehege am Plauer See. Für die artgerechte Haltung garantiert die Tierschutzorganisation Vier Pfoten. Jeden Samstag um 13.30 Uhr gibt es eine kostenlose Führung, das ganze Jahr über finden Sonderveranstaltungen statt. Spielplätze, ein Bistro und ein Laden sorgen für einen rundum gelungenen Urlaubstag. Stuer, Am Bärenwald 1 • Tel. 03 99 24/7 91 18 • www.mueritz. baeren-projekte.org • April–Okt. tgl. 9–18, Nov.–März 10–16 Uhr • Eintritt April–Okt. 6 €, Kinder 3,50 €, Familie 13 €; Nov.–März 3 €, Kinder 1 €

Waren Mo–Fr 30 €, Sa, So 35 €/Tag, Karow Mo–Fr 45 €, Sa, So 49 €/Tag

Naturpark-Draisine Mecklenburgische Schweiz ▶ S. 118, B 6

Das Gruppen-Strampelerlebnis auf den Schienen zwischen Dargun und Salem am Kummerower See bietet viele schöne Stopps, etwa in der Kloster- und Schlossanlage Dargun, in Lelkendorf, auf Gut Schorrentin (mit Galerie Patapaya) oder am Erlebnisbahnhof Neukalen (mit Eisenbahnmuseum). In Salem lockt der Sprung ins Nass, im Bahnhof Dargun findet sich eine Pension nebst Café. Ein Erwachsener muss dabei sein. Picknickkorb nicht vergessen! Dargun, Bahnhofsstraße • Tel. 03 84 59/6 60 00 • www.naturpark-draisine.

de • April–Mitte Okt. tgl. 9–11, 14–18 Uhr • Draisine 40 €/Tag

KLETTERN

Kletterpark Plau am See

▸ S. 117, F 3

Schöner Kletterpark mit Seilparcours in luftiger Höhe durch den Abenteuerwald. Die Mindestgröße beträgt 1,40 m.

Plau am See, Ziegeleiweg (Klüschenberg) • Tel. 03 87 35/81 97 38 • www.kletterpark-plau.de • März Sa, So 11–18, April Mi–So 11–18, Mai–Okt. tgl. 10–18 Uhr • Eintritt 15 €, Kinder 13 €

Kletterwald Waren ▸ S. 120, B 9

Neun unterschiedlich anspruchsvolle Parcours in 3 bis 9 m Höhe versprechen erlebnisreichen Kletterspaß. Kinder bis 12 Jahre dürfen nur in Begleitung eines Erwachsenen loslegen.

Waren, Kameruner Weg 13 • Tel. 0 39 91/63 12 26 • www.kletterwald-mueritz.de • April–Okt. tgl. 9 Uhr bis Sonnenuntergang • Eintritt (2 Std.) 20 €, Kinder 14 €

Wald-Hochseilgarten Havelberge

▸ S. 120, C 10

Vier Parcours erschließen den Wald-Hochseilgarten Havelberge am Woblitzsee in der Kleinseenplatte. Die Mindestgröße beträgt 1,35 m. Kleinkinder dürfen auf einen separaten Extraparcours, der Funparcours ist ab 6 Jahre begehbar. Gänsehaut garantiert der Hochseil-Parcours »schwarz plus« für Schwindelfreie.

Userin-Groß Quassow, An den Havelbergen 1 • Tel. 0 39 81/24 79 33 • www.haveltourist.de/waldseilgarten. html • April, Okt. Di, Do–So 10–18, Mai, Juni, Sept. tgl. 10–18, Juli, Aug.

tgl. 10–19 Uhr • Eintritt 15,50 €, Kinder 9,50 €, Familien 39 €

KULTUR

Slawendorf Neustrelitz

▸ S. 120, C 10

Spaß und Erlebnis rund um Kulthalle und Wachtturm! Die Attraktion ist aber die Fahrt im Slawenboot »Nakon«.

Neustrelitz, Useriner Str. 4 • Tel. 0 39 81/27 31 35 • www.slawendorf-neustrelitz.de • Mo–Fr 10–17 Uhr • Eintritt 4 €, Kinder 2 €

SOMMERRODELN

Sommerrodelbahn & Affenwald Malchow ▸ S. 117, F 3

Nach der rasanten Fahrt durch sieben Steilkurven und sechs Schikanen lockt die Begegnung mit einem sympathisch-frechen Affenvölkchen.

Malchow, Karower Chaussee 6 • Tel. 03 99 32/1 84 22 • www.sommerrodelbahn-malchow.de • April–Okt. tgl. 9–18 Uhr • Fahrt 2,20 €, Kinder 1,60 €; Affenpark Eintritt 3,50 € Kinder 3 €

Sommerrodelbahn Stargard

▸ S. 121, D 9

Spaß für Jung und Alt auf 720 m Länge, mit acht Steilkurven, zwei Brücken und 30 m Höhendifferenz.

Burg Stargard, Rosenstr. 1 a • Tel. 03 96 03/2 32 26 • www.rodelbahn-burgstargard.de • März–Okt. tgl. 10–18 Uhr • Fahrt 2 €, Kinder 1,50 €

TIERE UND NATUR

Elefantenhof Platschow

▸ S. 117, E 4

Sechs Elefanten, dazu die Seelöwen Itchy und Scratchy sowie Kamele, Pferde und Laufenten sorgen für ein Zirkuserlebnis der besonderen Art.

Die Familie Frankello bittet um 11, 14 und 16.30 Uhr zur Vorführung und Di–Do zum Mitmach-Kinderzirkus! Eine besondere Attraktion ist die Dschungelnacht mit Zeltübernachtung (Ende Juli).
Platschow, Am Dorfplatz 2 • Tel. 03 87 85/9 00 59 • www.elefantenhof-platschow.de • April–Juni, Okt. Di–Do, Sa, So 11–18, Juli–Sept. 10.30–18 Uhr • Eintritt 8 €, Kinder 4 €

Haustierpark Lelkendorf
▶ S. 118, B 6

Dr. Jürgen Güntherschulze kümmert sich in Groß Markow seit 1992 um seltene und gefährdete Haustierrassen wie die sizilianische Girgentanaziege, die Walliser Schwarzhalsziege oder das Hissar-Fettsteißschaf. Im Park stehen 600 Jahre alte Eichen, die zweitältesten im Bundesand. Ein Waldlehrpfad, eine Imkerei, der Haustiermarkt (An- und Verkauf), Ponyreiten und der Hofladen runden das Angebot ab und sorgen für einen spannenden Tag.
Groß Markow, Alte Dorfstr. 20 • Tel. 03 99 56/2 93 54 • www.haustier park-lelkendorf.de • tgl. 9–18 Uhr • Eintritt 4 €, Kinder 1,50 €

Natur- und Umweltpark NUP
▶ S. 117, E 1

Abenteuer pur mit Raubtier-WG (Wolf, Luchs), den Bären Fred und Frode, Waschbärenwald, Eichhörnchen und dem AQUA-Tunnel. Spannend sind auch die Wolfswanderungen.
Güstrow, Verbindungschaussee 1 • Tel. 0 38 43/6 99 95 10 • www. nup-guestrow.de • Jan.–März tgl. 9–18, April–Okt. 9–19, Nov., Dez. 9–16 Uhr • Eintritt 8,50 €, Kinder 4 €

👫 Weitere Familientipps sind durch dieses Symbol gekennzeichnet.

Dieser Braunbär im Bärenwald Müritz (▶ MERIAN-Tipp, S. 33) in Stuer am Plauer See scheint sich sichtlich wohlzufühlen.

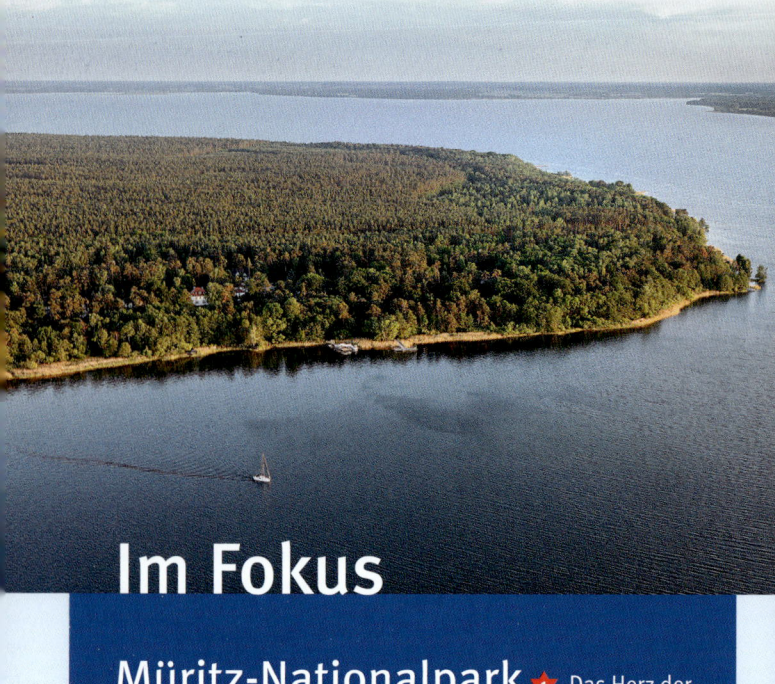

Im Fokus

Müritz-Nationalpark **1** Das Herz der
Seenplatte schlägt für die Natur, deren Schätze jüngst zum
UNESCO-Welterbe ernannt wurden.

Wälder (72 %), Seen (13 %), Moore (8 %), Wiesen (5 %) und Felder (2 %) bilden den mit 322 qm Fläche größten terrestrischen Nationalpark Deutschlands. Das zweigeteilte Areal entstand 1990 noch unter der letzten DDR-Regierung. Es besitzt total geschützte Kern- und Pufferzonen, die das Miteinander von Mensch und Natur sichern. 16 Gemeinden rings um das Hauptgebiet am östlichen Müritzufer bieten touristische Infrastruktur. Die Verwaltung besorgt das Nationalparkamt im Schloss Hohenzieritz. Der Nationalpark-Service im Infozentrum Federow kümmert sich um Umweltbildung, pflegt die Rastplätze und das Wegenetz im für Pkw

gesperrten Bereich. Heiß begehrt sind seine lehrreichen Ranger-Führungen (auch Junior-Ausflüge) zu den Naturschätzen: Von März bis Oktober nisten See- und Fischadler, im Frühjahr und Herbst ziehen die Kraniche, die Große Rohrdommel (»Moorochse«) ruft. Hirsche, Rotwild und Wildschweine sind heimisch. 2011 wurde ein erster Wolf gesichtet. Die hohe Biodiversität belegen auch Falter, Insekten, Pilze und rare Flora wie Schneidried, Wollgras und Seerosen.

Welcome Center Müritzeum

459 km Wanderwege, 145 km Radrouten, 49 km Fernreitwege, 27 km

◄ Im Müritz-Nationalpark schlägt das Herz des »Landes der 1000 Seen«.

Wasserwanderstrecken (»Alte Fahrt«, »Obere Havel«), 42 Nationalpark-ticket-Haltestellen, acht Bahnhöfe und zwei Schifffahrtslinien erschließen den Park. Der 160 km lange M-Weg (Müritz-Wanderweg; Markierung: blaues M) verbindet beide Gebiete.

Noch vor Buchen- und Kiefernwald, Hochmoor, 107 Seen (darunter Still- und Toteisseen) oder Findlingsgarten sollte der Besuch von Aquarium, Garten und Sammlung des Warener Müritzeum stehen. Das 2007 eröffnete, mit Lärchenholz verkleidete Haus geht auf das Maltzan'sche Naturhistorische Museum für Mecklenburg von 1866 zurück. Clevere erwerben das **Müritz-Nationalparkticket**. Die zwei Tage gültige Kombikarte vereint Museumseintritt und separates Nationalparkticket. Ausflügler können per Bus und/oder Schiff von Mai bis Oktober auf der **Müritzlinie** (stündlich Waren–Bolter Kanal), im Juli/Aug. auch auf der **Fischadlerlinie** (Di, Do stündlich Mirow–Kratzeburg–Boek) pendeln. Ticket: 12 € (Müritzeum/Bus), 18 € (Müritzeum/Bus/Schiff) Kinder 7/11 €.

Infozentren

Die Infozentren in Federow, Schwarzenhof und Friedrichsfelde, im Kratzeburger »Flatterhus«, im Gutshaus Boek, Blankenförde, Neustrelitz und Serrahn helfen von Mai bis Oktober tgl. 10–17 Uhr weiter. Zugänge auf eigene Faust sind z. B. in Kargow, Ankershagen, Prälank, Userin, Babke, Schillersdorf, Boeker Mühle oder Wokuhl/Herzwalde, Fürstensee, Kiefernheide und Thurow. Festes Schuhwerk, Regenschutz, Verpflegung, Fernglas

und Kamera – schon geht's los. Ein Tipp für Radler: Die Sandwege erfordern breite Reifen mit gutem Profil! Zwischen Kratzeburg und Dambeck wurde der SpurenWeg (3,5 km), ein Erlebnispfad für Blinde und Sehgeschädigte, angelegt. Die Infotafeln sind ertastbar (Braille-Schrift). Weitere Texte in Blindenschrift kann man im Infozentrum Kratzeburg und in der Ferienstätte Dambecker Park leihen.

Serrahn: Ab in den Urwald

Die östliche Exklave (62 qkm) mit dem Hirschberg (143,7 m) und Warsberg (143,2 m) erlangte 2011 dank der uralten Perlgras-Buchenwälder den Status **UNESCO-Welterbe**. Schon 1788 Jagdrevier der Großherzöge von Mecklenburg-Strelitz, blieb der Wald um Serrahn forstwirtschaftlich unberührt und ist seit 1961 Totalreservat. Lange war Serrahn ein Geheimtipp. Ab Neustrelitz führt nun ein straßenbegleitender Radweg nach Zinow (10 km), alle 2 Stunden fahren auch Busse. In Zinow startet **Der lange Weg zum Urwald**, eine attraktive Wanderstrecke nach Serrahn (ca. 7 km), die durch Infotafeln aufgewertet wurde. Das Infozentrum Forsthaus Serrahn präsentiert die Welterbe-Ausstellung.

INFORMATIONEN
Müritz-Nationalpark
www.mueritz-nationalpark.de,
www.nationalpark-service.de,
www.mueritzeum.de

UNESCO-Welterbe ▸ S. 117, F 2
Forsthaus Serrahn, Serrahn • Tel. 03 98 21/4 03 43 • http://welt naturerbe-buchenwaelder.de, www.wandermap.net/route/ 1732474 • Eintritt frei

Die Seen und Moore des 340 qkm
großen Naturparks Feldberger Seenlandschaft (▶ S. 60) wurden von den Glet-
schern der letzten Eiszeit geformt.

Unterwegs in der **Mecklen-burgischen Seenplatte**

1000 Seen inmitten geschützter Natur, dazu Städte und Dörfer mit langer Geschichte und Tradition laden zur Erholung, auch abseits der Hauptverkehrswege.

Müritz und Plauer See
Deutschlands zweitgrößter See ist das attraktive Hauptreiseziel der Seenplatte. Exkursionen ins westliche Hinterland führen in die aufstrebenden Zentren Malchow und Plau am See.

◄ Der Alte Hafen von Waren (Müritz) (▶ S. 46) wird im Sommer von zahlreichen Booten angesteuert.

Malchow ▶ S. 117, F 3

▶ Stadtplan S. 43
6700 Einwohner

Die im Jahr 1147 ersterwähnte Siedlung am Malchower See erhielt 1235 Stadtrecht. Seit April 2011 trägt der Luftkurort den offiziellen Namenszusatz »Inselstadt«. Neben der malerisch auf einer Insel gelegenen Altstadt selbst ist das Nonnenkloster die Hauptattraktion.

SEHENSWERTES

Blütengarten ▶ S. 43, westl. a 3

Klarer Fall für Gartenfans und Botaniker! Die aus dem Schulbotanischen Garten von 1976 erwachsene, 9486 qm große Gartenlandschaft haben das Ehepaar Bargfried und Freunde mit geschützten Arten, Kräutern und Heilpflanzen, Stauden, Rabatten und vielem mehr bereichert.

Schulstraße (am Sporthotel) • www.bluetengarten-malchow.de • Mai–Sept. Mo–Do 9–16, Fr 9–12 Uhr • Eintritt 2,50 €, Kinder frei • Führung Mo–Fr 10 Uhr und nach Vereinbarung

Klosterkirche mit Orgelmuseum
▶ S. 43, b 3

Die Malchower Klosterkirche weist eine wechselhafte Geschichte auf. Das einschiffige Gotteshaus von 1298 wurde 1844 abgetragen, und es entstand binnen fünf Jahren eine neue Kirche im neogotischen Stil. Diese fiel 1888 einem Brand zum Opfer. Der Neubau von 1890 geht auf Pläne des Schweriner Architekten Georg Daniel zurück. Seit 1997 befindet sich die Kirche im Besitz der Stadt Malchow und wird auch als Standesamt genutzt. Seither beherbergt sie das Mecklenburgische Orgelmuseum mit zehn historischen Instrumenten. Kinder dürfen selbst musizieren! Im Juli und August finden an Sonntagen Orgelmatinees statt (11.30 Uhr).

Kloster 26 • www.orgelmuseum-malchow.de • April–Sept. tgl. 10–17, Okt. tgl. 10–16, Nov.–März Di–Fr 10–15, Sa, So 11–15 Uhr • Eintritt 2,50 €, Kinder 1,50 €

MUSEEN

Kulturzentrum Kloster Malchow
▶ S. 43, b 3

Die Ausstellung im Refektorium zeigt Gemälde, Zeichnungen und Druckgrafiken der drei Maler Sieghard Dittner (1924–2002), Rudolf Gahlbeck (1895–1972) und Friedrich-Franz Pingel (1904–1994). Das Ordenskloster der Büßerinnen der Hl. Maria Magdalena entstand nach deren Umzug von Röbel nach Malchow im Jahr 1298.

Kloster 32–34 • www.kloster-malchow.de • Mai–Sept. Di–Fr 12–17, Sa, So 13–17, Okt.–April Di–Fr 10–15, Sa, So 11–15 Uhr • Eintritt 1,50 €, Kinder bis 14 Jahre frei, Führung plus 2 €

ESSEN UND TRINKEN

Spiegelei ▶ S. 43, a 2

Exzellente Hausmannskost • Unprätentiöse Gerichte mit und ohne

Spiegelei, aber nach traditioneller deutscher Zubereitung. Unbedingt reservieren!

Güstrower Str. 43 • Tel. 03 99 32/ 1 24 51 • Mo–Sa 17.30–22 Uhr • €€

Der Turm der Klosterkirche (▶ S. 41) blieb vom Feuer 1888 verschont.

SERVICE
AUSKUNFT
Fleesensee-Touristik ▶ S. 43, a 2

An der Drehbrücke • Tel. 03 99 32/ 8 31 86 • www.tourismus-malchow. de • Juli, Aug. Mo–Fr 10–18, Sa, So 10–16, Mai, Juni, Sept. Mo–Fr 10– 18, Sa, So 10–14, Okt. Mo–Fr 10– 17, Sa, So 10–14, Nov.–April Mo– Fr 10–16 Uhr

Ziele in der Umgebung
◎ **Alt Schwerin** ▶ S. 117, F 3
560 Einwohner

Das uralte Bauerndorf mit denkmalgeschützter Dorfkirche von 1700, barockem Herrenhaus des Gutes

Schwerin von 1773 und Park steht ganz im Zeichen des landwirtschaftlichen Freilichtmuseums **Agroneum** (im Sommer tgl. 10–18 Uhr). Eine Attraktion sind die Trödelmärkte (Mai–Okt.).

6 km nordwestl. von Malchow

◎ **Fleesensee (Göhren-Lebbin)** ▶ S. 120, A 9
600 Einwohner

Der Luftkurort (seit 2003) am 5 km langen und 6 m tiefen Fleesensee wurde durch die Ferien- und Golfanlagen »Land Fleesensee« bekannt. Deutschlands größter Ferienkomplex öffnete im Jahr 2000, bietet 2000 Betten in vier Hotels und Nordeuropas größtes Golfresort (550 ha). Die Gesamtinvestition betrug ca. 220 Mio. €. Sehenswert ist die Dorfkirche in Poppentin.

8 km östl. von Malchow

ÜBERNACHTEN/ESSEN UND TRINKEN
Radisson Blu Resort Schloss Fleesensee

Großzügig und elegant • Im 1842 erbauten Schloss Blücher fehlt es an keiner Raffinesse. Das Golf- und Wellnesshotel bietet mit den Restaurants Fréderic und Orangerie, der Vinothek Graf Ludwig, drei lichtüberfluteten Terrassen und zwei Bars alle Annehmlichkeiten.

Schlossstr. 1 • Tel. 03 99 32/8 01 00 • www.radissonblu.de/resort-fleesen see • 178 Zimmer • €€€–€€€€

◎ **Wisentinsel Damerower Werder** ▶ S. 120, A 9
560 Einwohner (Jabel)

1957 existierten weltweit nur noch 281 Wisente. Im 320 ha großen Wildpark auf der Halbinsel zwischen Kölpin- und Jabelschem See leben

heute wieder ständig drei Herden der bis 1000 kg schweren Zotteltiere, etwa zehn Jungtiere werden jährlich geboren. Daneben gibt es Rotwild, Füchse, Hirsche und Wildschweine. Mit Naturlehrpfad, Fledermauskasten, Baumwipfelpfad, Seilbahn und Klettergerüst. Hunde müssen an die Leine!

Jabel-Damerow, Zum Werder 5a • Tel. 03 99 29/7 67 11 • www.wisent insel.de • Ostern–Sept. tgl. 10–20, Okt.–Ostern tgl. 10–17, Schaugatter 10–16 Uhr • Fütterung um 11 und 15 Uhr • Eintritt 3 €, Kinder bis 12 Jahre frei

14 km nordöstl. von Malchow

Plau am See ▶ S. 117, F 3

▶ Stadtplan S. 44

6330 Einwohner

Als slawische Siedlung Plawe (Flößerort) um 1200 bekannt geworden, änderte sich der Stadtname erst im 16. Jh. Über eine Burg wird 1287 berichtet, es folgten Stadttore und Stadtmauer. Bis 1463 wurde die Burg gegen wüste Raubritter befestigt. Herzog Heinrich der Friedfertige baute Plau gar zur Festung aus, was im Dreißigjährigen Krieg aber nicht viel half. Die Bevölkerung sank auch durch die Pest von 1500 auf 238 Seelen. 1756 brannte die Stadt, 1800 wurde sie von den Franzosen geplündert. Seit 1991 wird der Alt-stadtkern städtebaulich saniert.

Der Plauer See ist mit 39 qkm Deutschlands siebtgrößter und Mecklenburg-Vorpommerns dritt-größter See. Hier startet die **Müritz-Elde-Wasserstraße** über Lübz nach Diemitz (180 km), spannend für Paddler wie Motorbootfahrer. Mit 16 Badestellen rings um ist das ge-mütliche Ackerbürgerstädtchen Plau ist er ein ideales Sommerziel.

SEHENSWERTES

Hubbrücke Eldepromenade

▸ S. 44, b 2

Plaus Blaues Wunder entstand 1916, wurde 1945 vor der Spren-gung bewahrt und 1992 restauriert. Kommen Schiffe, wird sie bis 1,60 m hochgehievt. Der Spaziergang an der Eldepromenade gehört zum Pflicht-programm.

Marktplatz

▸ S. 44, a 1

Wilder Wein rankt an der Fassade des Rathauses, das 1889 im Stil der niederländischen Renaissance erbaut wurde. Die sehenswerten

Fachwerkhäuser an der Steinstraße entstanden im 18. und 19. Jh.

WUSSTEN SIE, DASS …

… Carola und Claus Swienty zur 775-Jahr-Feier der Stadt die »Plau-er Symphonie« komponierten? Seit 2010 ist sie als CD erhältlich. Hör-proben ertönen im Atelier Swienty (mit Ausstellung), Große Burg-str. 26, oder online (www.atelier-swienty.de/plauersymph.htm).

Stadtkirche St. Marien ▸ S. 44, a 1

Das evangelische Gotteshaus am westlichen Ende des Marktes ent-stand ab 1225 als westfälische Hallenkirche. Sie besitzt einen Schnitzaltar (16. Jh.) in der Sakristei, drei Kronleuchter und die Taufe von 1570. Die Pietà schuf Prof. Wand-schneider. Der Turm der Konzert-kirche des Plauer Musiksommers kann bis zur Glockenstube bestiegen werden (120 Stufen).

Kirchplatz 3 • Tel. 03 87 35/4 02 00 • www.kirche-plau.de (auch Info Musik-sommer) • Eintritt frei (offene Kirche)

MUSEUM

Burgmuseum ▶ S. 44, b 1

Im erhaltenen Backsteinturm von 1449 werden Episoden der Stadthistorie gezeigt, im Hof der geschliffenen Burg aus dem 15. Jh. auch solche zu den Handwerkszünften. Höhepunkte sind die Turmuhr von St. Marien von 1582 und das älteste deutsche Wasserflugzeug »Parseval«, das 1910 erstmals auf dem Plauer See abhob. Im 11 m tiefen Turmverlies schmorten früher Viehdiebe.
Am Burgplatz • Tel. 0 38 73/54 65 27 • April–Okt. tgl. 10–17 Uhr, Nov.–März nach Vereinbarung • Eintritt 1 € (Burg) plus 1 € (Museum), Kinder 0,50 € (Burg) plus 0,50 € (Museum)

Die Hubbrücke (▶ S. 44) in Plau am See ist noch immer in Betrieb.

ÜBERNACHTEN

Parkhotel Klüschenberg
▶ S. 44, südl. a 2

Erste Adresse der Stadt • Ein Bett-&- Bike-Haus mit gepflegter Gastlichkeit, finnischer und Dampfsauna sowie Sole-Schwimmbad. Vom Restaurant mit Gartenterrasse hat man einen schönen Blick in den Park. Wellnessbereich gegen Aufpreis (8 €/Tag).
Klüschenberg 14 • Tel. 03 87 35/ 4 92 10 • www.klueschenberg.de • 76 Zimmer • €€–€€€

ESSEN UND TRINKEN

Café Plawe ▶ S. 44, b 2

Historische Lokalität • Barbara von Zastrow und ihr Team brühen »57 plus 3« Kaffespezialitäten, davon 24 alkoholfrei! Die Bistrokarte führt auch Biogerichte, Eis, Sanddorn- und Holunderspezialitäten.
Große Burgstr. 1 • Tel. 03 87 35/ 4 68 79 • www.plawe.de • April–Okt. tgl. 11–22, Nov.–März Mo–Fr 11–22, Sa 11.30–20, So 11–18 Uhr • €

SERVICE

AUSKUNFT

Touristinformation ▶ S. 44, b 1

Marktstr. 20 • Tel. 03 87 35/4 56 78 • www.plau-am-see.de • Mai–Okt. Mo–Sa 9–18, So 10 –16, Nov.–April Mo–Fr 10–16, Sa 10–14 Uhr

WUSSTEN SIE, DASS …

… Plaulina, die »Hexe vom K(a)lüschenberg«, einst Prinzessin war und vor Horden, die über den zugefrorenen See anrückten, in den Berg floh? Ihr Schatz wurde nie entdeckt, doch kann man ihr und der Sage auf dem Rundwanderweg »Spur der Zaubersteine« (10 km) folgen. Vor dem Parkhotel steht die Plaulina-Statue.

Fahrgastschifffahrt Wichmann
▶ S. 44, c 2

Erlebnisfahrten nach Waren und Röbel, Schleusenfahrten nach Lübz, Seerundfahrten oder romantische

Lampion-Törns mit Steak und Buffet. An Plaus Marina sind Boote und Kanus zu leihen. Vom Schiffsanleger startet von Mai bis Sept. tgl. auch die **Tschu-Tschu-Bahn** (stündlich ab 10.30 Uhr) zur Stadtfahrt.
Gerichtsberg 34 (Abfahrt An der Metow) • Tel. 03 87 35/4 44 49 • www. fahrgastschifffahrt-wichmann.de • Plauer See tgl. 10, 10.35, 13, 13.35, 15.30 Uhr

Rundflüge (Wasserflugzeug)
► S. 117, F 4

Spektakuläre Rundflüge über fünf Seen (30 Min.) bietet Clipper Aviation ab der Seeluster Bucht vor dem Seehotel Falk.
Hermann-Niemann-Str. 6 • Buchungs-Hotline Tel. 0 18 05/97 05 70 • www. clipper-aviation.de • Ticket 129 €, Kinder bis 12 Jahre 89 €

Ziel in der Umgebung
◎ **Stuer (Dorf)**   ► S. 117, F 4
260 Einwohner
Noch im 14. Jh. beherrschte die Gerichtsbarkeit Stuer das gesamte Gebiet zwischen Röbel und Malchow. Der Plauer See hieß damals Lacus Sturichse (Sturer See). Die Adelsfamilie von Flotow residierte ab dem 13. Jh. auf der **Wasserburg Stuer,** anfangs als Raubritter aus dem Flottholz (daher ihr Name), wohl zum Schrecken der Seeanrainer. 1660 brannte alles nieder, es blieb die Ruine des Wohnturms.

SEHENSWERTES
Bärenwald Müritz 👫
► MERIAN-Tipp, S. 33

St. Petruskirche
Exponiert und erhöht steht die verwunschen umrankte **St. Petrus-**

kirche an der Bundesstraße 198. Der Fachwerkbau von 1717 steht auf der im Dreißigjährigen Krieg zerstörten Erstkirche von 1363. Seit 2011 ist er Schauplatz der »Internationalen Musiktage am Plauer See – Klaviertage Stuer«.
Ringsum führen gut beschilderte Rad- und Wanderwege zu vier Großsteingräbern, zum Plauer See und zum Bärenwald. In **Bad Stuer** (1 km) kurte schon Fritz Reuter.
Kirchhof • Tel. 03 99 24/25 82 (Herr Kleinhans) • www.kirche-stuer.de (mit Programm) • Mitte April–Sept. Mo–Sa 11–17 Uhr, Führung Mo, Mi, Fr 14.30–16.30 Uhr nur nach Anmeldung • Eintritt frei (Spende)
13 km südl. von Plau am See

Waren (Müritz)   ► S. 120, B 9
► Stadtplan S. 47
21 000 Einwohner
Die 117 qkm große Müritz verdankt ihren Namen dem wendischen »Morcze«: kleines Meer. Die günstige Lage an der Binnenmüritz und zwischen Melzer See, Kölpin-, Tiefwaren-, Feisneck-, Waupack- und städtischem Herrensee machte Waren schon vor 1900 Jahren zum Hauptort und attraktiven Siedlungsplatz. Als »Virinum«, Krähenort, taucht es 150 n. Chr. bei **Claudius Ptolemäus** aus den Fluten der Vergangenheit auf. Den heutigen Namen erhielt die flächenmäßig zweitgrößte Stadt des Bundeslandes erst 1914, wohl abgeleitet vom Stamm der Warnen.
Um 1260 waren Westfalen zugezogen und hatten rund um den Alten Markt in der heutigen Altstadt ein neues Gemeinwesen gegründet. Nur wenig später folgte die Neustadt um den Neuen Markt, das jetzige

Waren / Müritz

Zentrum. Verwüstungen und Stadt-
brände im 17. Jh. hinterließen nur
wenig alte Bausubstanz. Im 19. Jh.
blühte Waren durch Straßen- und
Kanalbau sowie den Eisenbahnan-
schluss auf.
1970 fielen Teile der Altstadt neuen
Verkehrswegen zum Opfer. Ab 1991
erfolgte die schrittweise Sanierung
der historischen Bauten.

SPAZIERGANG

Idealer Startpunkt ist der stets
von Ausflüglern und Dauergästen
besuchte Stadthafen mit den drei
Speichern von 1840. Gastronomi-
sche Einrichtungen wie das Tutti
Frutti bieten auch vor der Tür guten
Service. Über die Marktstraße gelangt man links in die Große Grüne

Straße, wo noch einige Fachwerk-
bauten der Sanierung harren. Am
Alten Markt steht seit 1797 das **Alte
Rathaus**. Ältestes Stadtgebäude ist
die **Georgenkirche** am Georgenkirchplatz. Die Schulstraße führt zur
Fußgänger- und Flanierzone **Lange
Straße** mit Läden, Eisdielen und
Cafés. Ringsum stehen auch einige
Hotels. Linker Hand spaziert man
auf der Kietzstraße zu Steinmole
und **Müritzeum**.
Zurück auf der Lange Straße geht es
bis zum **Neuen Markt** mit der Waren-Müritz-Information im Haus
des Gastes und dem Historischen
Rathaus. Nur wenige Schritte sind es
zur Marienkirche mit der prägnan-
ten Turmhaube.
Dauer: 2 Stunden

SEHENSWERTES

Alter Markt ▶ S. 47, b 2

Warens mittelalterliche Keimzelle beeindruckt mit dem Alten Rathaus. Der Ostgiebel des zweigeschossigen Backsteinbaus mit Arkaden stammt noch aus dem 15. Jh. Es wurde als Gerichtslaube genutzt.

Georgenkirche ▶ S. 47, b 2

»De oll Kerk«, eine dreischiffige Basilika, wurde erstmals 1273 aktenkundig. Der Westturm ist von 1414. Kanzel, Doppelempore und Altar sind neogotisch. Die Kreuzigungsgruppe mit Maria, Maria Magdalena und Johannes ist Tiroler Provenienz. Georgenkirchplatz • Ostern bis Erntedank Mo–Sa 10–16 Uhr • Konzerte Juli, Aug. Do 19.30 Uhr

---

WUSSTEN SIE, DASS …

… die Initiative »Offene Kirche« den Besuch vieler Sakralschätze der Seenplatte erlaubt? Eine Liste aller offenen Kirchen hält die Interessengemeinschaft der Kirchenführer bereit und bietet fachkundige Führungen wie die KleineKirchenKucker-Tour (www.kleinekirchenkuckertour.de).

Marienkirche ▶ S. 47, c 1

Die dreijochige Halle des Backsteinbaus wurde vor 1333 auf den Resten der 1225 erbauten Kapelle der verschwundenen Warener Burg errichtet. 1789 wurde alles neu gestaltet, der Turmaufbau (54 m) erfolgte 1792. Die Windfahne hat die Form eines Schwans, Sinnbild für Martin Luther. Seit 1995 befindet sich in 45 m Höhe eine Aussichtsplattform (176 Stufen).

Mühlenstr. 13 • Ostern–Ende April tgl. 11–15, Mai–Okt. Mo–Fr 10–18, Sa 10–16, So 11–16 Uhr • Turm 1 €, Kinder 0,50 €

MUSEEN

Müritzeum 👫 ♿ ▶ S. 47, a 1

Natur erleben und verstehen im Haus der 1000 Seen! Als Schaufenster des Nationalparks und Schatzkammer der Region besitzt das Haus sogar Tiefenbecken, in denen manchmal Taucher arbeiten. Anfassen und Mitmachen sind erwünscht! Die Dachterrasse bietet eine herrliche Aussicht auf Außenanlagen und Herrensee. Führungen auch für Blinde und Sehschwache. Mit Welcome Center des Müritz-Nationalparks. Friedensstr. 5 • www.mueritzeum.de • April–Okt. tgl. 10–19, Nov.–März 10–18 Uhr • Eintritt 7,50 €, Kinder 3 €

Stadtgeschichtliches Museum
▶ S. 47, b 1

Das im Stil der Tudorgotik 1855 bis 1857 erbaute **neue** bzw. **historische Rathaus** geriet während des Kapp-Putsches 1920 unter Beschuss. Noch heute sind Spuren an der Rückseite des Baus zu entdecken. Das Museum mit Warens Wappen über dem Eingang zeigt Stadt- und Familiengeschichtliches – und auch die Narben von 40 Jahren DDR. Markt 1 • www.waren-mueritz.de • Mai–Sept. Mo–Fr 10–18, Sa, So 14–17, Okt.–April Mo–Fr 9–17, Sa, So 14–17 Uhr • Eintritt 2 €, Kinder 1 €

ÜBERNACHTEN/ESSEN UND TRINKEN

Kleines Meer ▶ S. 47, b 2

Gewisses, kleines Mehr • Das Hotel mit modern eingerichteten Zim-

Natur (fast) zum Anfassen bietet das 2007 eröffnete Müritzeum (▶ S. 48). Es ist das wichtigste Informationszentrum für den Müritz-Nationalpark.

mern besitzt eine ausgezeichnete Küche. Chef Hendrik Türk ist über die Landesgrenzen hinaus bekannt und veranstaltet Seminare und Tageskochkurse. Mit Sonnenterrasse, Bar, Whiskey- und Zigarrendepot und Müritzblick. Im Herbst und Winter günstige Pauschalarrangements.
Alter Markt 7 • Tel. 0 39 91/64 80 • www.kleinesmeer.de • 30 Zimmer • €€€

ESSEN UND TRINKEN

Carpediem ▶ S. 47, b 2

Warens bester Italiener • Stefano Stanzani kocht nach Originalrezepten seiner Großeltern Pasqua und Filippo aus dem Dörfchen Goro in der Emilia Romagna. Alle Gerichte gibt's auch zum Mitnehmen!
Kirchenstr. 17 • Tel. 0 39 91/1 79 75 50 • www.carpediem-ristorante. de • Di–So 17–22 Uhr • €€–€€€

Blaue Perle ▶ S. 47, a 1

Aufmerksamer Service • Restaurant-Café im Müritzeum mit großer Terrasse. Die Familie Fuhrmann und Küchenchef Scherer bieten leckere Gerichte, dazu Eis, Waffeln, eine große Kinderkarte und Kuchen aus der hauseigenen Konditorei.
Zur Steinmole 1 • Tel. 0 39 91/67 44 22 • www.blaue-perle-waren.de • tgl. 9–22 Uhr • €–€€

Klabautermann ▶ S. 47, b 2

Familiär • Ilona und Harald Quaas bekochen das winzige Fischrestaurant mit Biergarten vor allem mit dem frischen Fang der Müritzfischer. Eine hübsch eingerichtete Ferienwohnung steht ebenfalls bereit. Wenige Schritte vom Stadthafen entfernt.
Marktstr. 1 • Tel. 0 39 91/66 23 06 • www.klabautermann-waren.de • Di–So 11.30–14, 17.30–23 Uhr • €–€€

EINKAUFEN

Müritzfischer ▸ S. 47, b 2

Täglich fangfrischer Fisch.
Marktstr. 1 • www.mueritzfischer.de

Müritz-Wild ▸ S. 47, südl. c 2

Wildbret aus der Region, auch
Wurst- und Schinkenspezialitäten.
Specker Str. 9 a • www.mueritz-wild.
de • Do, Fr 9–18, Sa 9–11 Uhr

Papillon ▸ S. 47, b 2

Kramen, kaufen und sinnvoll helfen
zugleich!
Kirchenstr. 5 • www.lebenshilfswerk-
waren.de • Mo–Fr 9.30–18, Sa 9–
13 Uhr

THEATER

Müritz-Saga ▸ S. 47, nördl. b 1

Autor der jährlichen fiktiven Le-
gendenstory um die Müritz ist TV-
Regisseur Roland Oehme. Seit 2006
pilgern Tausende zur Freilichtbühne
des Natur-Amphitheaters auf dem
Mühlenberg. Karten verkauft die
Waren-Müritz-Information.
Mühlenberg • Tel. 0 18 05/28 82 44 •
http://mueritz-saga.de • Ende Juni–
Aug. Mi–Sa 19.30, So 17 Uhr • Eintritt
19–25 €, Kinder 12–18 €

SERVICE

AUSKUNFT

Waren-Müritz-Information

▸ S. 47, b 1

Neuer Markt 21 • Tel. 0 39 91/74
77 90 • www.waren-tourismus.de •
Mai–Sept. tgl. 9–20, Okt.–April
Mo–Fr 9–18, Sa 10–15 Uhr

Ziele in der Umgebung

◎ Bollewick S. 120, A 10

660 Einwohner

Bollewick, das erst im 18. Jh. am
heutigen Ort entstand, aber auf 1261
zurückgeht, entwickelt sich zum
Bioenergiedorf.

Die Dorfkirche St. Maria und St. Laurentius in Ludorf (▸ S. 51) hat einen äußerst
ungewöhnlichen achteckigen Grundriss.

SEHENSWERTES

Irrgarten

Neben dem Kunsthandwerksmarkt in Deutschlands größter Feldsteinscheune von 1881 (125 x 34 m) und dem neuen Naturkostladen gegenüber hat Bollewick (»Runddorf«) auch ein Heckenlabyrinth zu bieten. Nahe der Scheune (ausgeschildert) • Tel. 03 99 32/1 31 86 • www.irrgarten-bollewick.de • Mitte Mai–Juni, Sept. Sa, So 10–17, Juli, Aug. tgl. 10–18 Uhr • Eintritt 2,50 €, Kinder ab 4 Jahre 2 €

ÜBERNACHTEN/ESSEN UND TRINKEN

BIO-Landhotel »Zur Scheune« in Bollewick

▶ grüner reisen, S. 17

25 km südl. von Waren

◎ Ludorf ▶ S. 120, B 10

490 Einwohner

Ludorfs achteckige gotische Backsteinkirche **St. Maria und St. Laurentius** ließ ein Ritter Wipert von Morin nach glücklicher Heimkehr vom Kreuzzug ins Heilige Land errichten. Sie gilt als einmalig in Norddeutschland und ist wohl von der Grabeskirche in Jerusalem inspiriert. Die offizielle Kirchenweihe fand 1346 statt, doch kam Ritter Wipert schon um 1190 heim. Die Kirche ist im Sommer tgl. von 10 bis 17 Uhr geöffnet, im Winter nur nach Vereinbarung (Pfarramt Röbel, Tel. 03 99 31/5 26 85). Das Gutshaus entstand 1698 aus den Ruinen der Feste Morin, heute Ludorfs Turmhügel. 22 km südl. von Waren

ÜBERNACHTEN/ESSEN UND TRINKEN

Romantik Hotel Gutshaus Ludorf mit Restaurant Morizaner

▶ grüner reisen, S. 18

MERIAN-Tipp **8**

HÖRSPIELKIRCHE FEDEROW

▶ S. 118, B 8

Das zur Eröffnung 2006 mit dem bundesweiten Initiativpreis »Deutschland – Land der Ideen« und weiteren Auszeichnungen dekorierte Projekt unter Federführung der Warener Kirchengemeinde sorgt für Hörkultur in Reinform. Begeistert nehmen die Besucher auf den Kirchenbänken Platz, die ihnen weder zu Kinderhörspielen noch zum Abendkrimi zu hart werden. Großartige Unterstützung erfahren die Macher vom NDR, der Stiftung Deutsches Rundfunkarchiv und zahlreichen deutschen Buch-, Theater-, Musik- und Audio-Verlagen. Federow • Tel. 0 39 91/63 57 23 • www.hoerspielkirche.de • Juni–Sept. tgl. ab 11 Uhr, Kinderhörspiel 15 Uhr, Erwachsenenhörspiel 16.30 und 18 Uhr, Blaue Stunde (Krimi) nur Mi 20 Uhr • Eintritt frei

Seehotel Zielow ❦❦

Sonne tanken und relaxen • Herrlich restauriertes Gehöft direkt an der Müritz mit Kinderclub und Reitstall (zwölf Ponys und Pferde). Dazu gibt es für die Erwachsenen Wellness mit Schwimmbad, Sauna und Whirlpool, Badestelle und eine Liegewiese. Besondere Highlights sind Radexkursionen und die Geocoaching-Schatzsuche. Gutes Restaurant und Kuchen aus eigener Herstellung. Ludorf-Zielow, Seeufer 11 • Tel. 03 99 23/70 20 • www.seehotel-zielow.de • 36 Zimmer • €€–€€€

◎ Rechlin/Lärz   ▶ S. 120, B 10

2140 Einwohner (Rechlin) bzw. 550 Einwohner (Lärz)

Rechlin an der Kleinen Müritz hat sich zum touristischen Zentrum im Südosten entwickelt. Dafür sorgt die gut ausgebaute touristische Infrastruktur entlang der Marina mit Verbindung zur Havel und Müritz-Elde-Wasserstraße mit Kajakverleih. Woterfitzsee, Leppinsee und Großer Kotzower See bieten nahe Erholung. Die Ortsteile Boeker Mühle und Boek sind wichtige Startpunkte für Touren in den Müritz-Nationalpark. Sehenswert ist die klassizistische Dorfkirche von 1805 in Rechlin-Nord. Boeks neogotische Kirche St. Johannes mit einer Sauer-Orgel von 1853 baute Peter von le Fort 1847.

30 km südl. von Waren

MUSEUM

Luftfahrttechnisches Museum

Neben der Geschichte Rechlins ab 1374 wird hier die Geschichte von Luftwaffe, Sowjet- und DDR-Luftfahrt lebendig. Im Ortsteil Retzow erinnert ein Gedenkstein an die bis zu 3000 Frauen aus dem KZ Ravensbrück bei Fürstenberg/Havel, die hier im Außenlager inhaftiert wurden und in der Erprobungsstelle arbeiten mussten.

Rechlin, Am Claassee • www.luftfahrt technisches-museum-rechlin.de • Feb.–April Mo–Do 10–16, Fr 10–15, Mai–Okt. tgl. 10–17 Uhr • Eintritt 5 €, Kinder 2 €, Familien 12 €, Führung 15 €

◎ Röbel/Müritz   ▶ S. 120, A 10

5220 Einwohner

Als Robole, Ort der Arbeit, wurde das schmucke Hafendorf erstmals 1227 bekannt. Doch sind Spuren der slawischen Morizaner aus dem 10. Jh. am einstigen Tempelberg zu finden, auf dem heute Alt-Röbels Marienkirche über dem Hafen an der Binnenmüritz thront. Röbel-Neustadt erhielt 1275 St. Nikolai. Die Bistumsgrenzen von Havelberg und Schwerin verliefen damals mitten durchs Gemeinwesen, sodass sich bis ins 18. Jh. eine Art Doppelstadt mit viel gesellschaftlichem Zündstoff entwickelte. »Röbel gegen Röbel« wurde zum juristischen Dauerbrenner. Reste der Stadtmauer sind entlang der alten Grenzen erhalten. Das Dominikanerkloster, ursprünglich an der alten Burg, siedelte um 1400 in die Neustadt über. Ab 1811 vertrug man sich schließlich unter einem gemeinsamen Bürgermeister.

20 km südl. von Waren

SEHENSWERTES

Markt

Im Turm der frühgotischen **Nikolaikirche** sowie im Kreuzgewölbe werden wechselnde Ausstellungen gezeigt. Nahebei steht die Friedenseiche von 1816. Das schmucke **Rathaus** entstand 1805 im klassizistischen Stil.

St. Marienkirche

Ein erster Kirchenbau wurde 1227 über einem Slawentempel eingeweiht, der zuvor der Gottheit Rabal diente – auch dies ein möglicher Ursprung des Stadtnamens. Um 1640 kam das Langhaus hinzu. Sehenswert sind der kleine Schnitzaltar (16. Jh.) an der Ostwand, die Kanzel und die Triumphkreuzgruppe. Die dreischiffige Hallenkirche aus Backstein mit zwei Jochen

Morgenstimmung in Röbel/Müritz (▶ S. 52). Die Marienkirche ist eine der ältesten gotischen Hallenkirchen in Mecklenburg.

besitzt eine Aussichtsplattform im 58 m hohen Turm.

MUSEUM

Alte Synagoge/Engelscher Hof 2

Neues Leben zog ab 2003 in die ehemalige Synagoge aus dem Jahr 1831 ein. Heute wird hier die sehenswerte Ausstellung »Jüdische Geschichte in Mecklenburg« gezeigt. Am Eingang mahnen Worte des ehemaligen UN-Generalsekretärs Kofi Annan: »Alles, was das Böse benötigt, um zu triumphieren, ist das Schweigen der Mehrheit.«
Die angeschlossene Herberge vermietet sehr günstige Zimmer mit 2–4 Betten.
Kleine Stavenstr. 9–11 • Tel. 03 99 31/5 39 44 • www.engelscherhof. de • KulturCafé/Ausstellung Mo–Fr 10–16 Uhr • Eintritt 1 €, Kinder frei • 10 Zimmer • €

ÜBERNACHTEN

Hotel Seestern

Balkonzimmer mit Seeblick • Das sehr gut gelegene Hotel am Westufer der Röbeler Binnenmüritz bietet Wintergarten, Seeterrasse und Bootssteg. Im Restaurant wird Wild und Fisch von der Müritz aufgetischt.
Müritzpromenade 12 • Tel. 03 99 31/5 80 30 • www.hotel-seestern-roebel.de • 25 Zimmer • €€

ESSEN UND TRINKEN

Fischräucherei Meyl

Bester Fisch weit und breit • Im Hofbistro von Gerald Meyls Fischhaus werden erstklassige »Fischsemmel«, Räucherfisch aus eigener Räucherei und Frischfischgerichte (auch Maräne) gereicht.
Straße der Deutschen Einheit 48 • Tel. 03 99 31/501 84 • Mai–Okt. Mo–Sa 9–19, So 11–19 Uhr • €

Der Südosten

Barocke Pracht, der Naturpark Feldberger Seenplatte als heimlicher Besucherfavorit sowie zahlreiche Rad- und Wasserwanderwege machen den Südosten der Seenplatte hochattraktiv.

◄ Die neugotische Schlosskirche (► S. 56) in Neustrelitz ist das Hauptwerk Friedrich Wilhelm Buttels.

Neustrelitz   ► S. 120, C 10

21 100 Einwohner

Die dritte Hauptlandesteilung 1701 erforderte eine neue Hauptstadt für das Haus Mecklenburg-Strelitz. Neubrandenburg winkte ab, im auserkorenen Altstrelitz brannte 1712 das Schloss ab. So wurde ein nördliches Ausweichquartier inmitten von 29 Seen, das Jagdhaus Meierei Glienicke, zum Geburtsort der ab 1733 am Reißbrett entstehenden Residenzstadt. Kostenlose Bauplätze, Bauholz und Steuerfreiheit sorgten für raschen Zuzug. Als Stadt in Fürstenhand wurde Industrie – bis heute erkennbar – nur weit außerhalb angesiedelt. Erneute Architekturakzente setzte Schinkel-Eleve Friedrich Wilhelm Buttel 1821 bis 1869. Von 1919 bis 1933 war Neustrelitz Sitz des Freistaates Mecklenburg-Strelitz, 1990 bis 2011 Kreisstadt. Das 1945 niedergebrannte Residenzschloss wurde bis 1952 abgetragen.

SPAZIERGANG

Vom Tourismusbüro im 1841 bis 1843 von Buttel erbauten **Rathaus** an der Fußgängerzone Strelitzer Straße führt der Bummel zum Markt mit der **Stadtkirche** von 1778 und ihrer Grüneberg-Orgel (1893). Vorbei am **Stadtmuseum** geht es durch die Schlossstraße zum F.-W.-Buttel-Platz mit dem nach 1945 vom Markt hierher versetzten **Denkmal des Großherzogs Georg**. Im Schlossgarten verläuft vor **Orangerie** und **Schlosskirche** die restaurierte **Götterallee** mit Skulpturen antiker Gottheiten. Die Hauptachse führt seewärts zum **Hebetempel**. Die Kreisverkehrsinsel Useriner Straße mit dem **Strelitzien-Denkmal** führt zu den schmucken Speicherhäusern am **Hafen**.
Dauer: 2 Stunden

SEHENSWERTES

Markt

Treff aller Radwanderer sind die Wasserspiele im Zentrum des Rondells, das die acht Straßen am quadratischen Markt verbindet. Den Turm der Stadtkirche schuf Buttel 1831. Er ist bis zur Aussichtsplattform (45 m) besteigbar. Eintritt: 1,50 €.

Tiergarten

Begehbare Damhirsch-, Ziegen-, Mufflon- und Berberaffengehege, dazu Uhus, Stachelschweine, Büffel und Waschbären, Wölfe, Luchse, Esel und Ponys garantieren ganzjährig Erlebnisse. Den früheren Eingang zur herzoglichen Jagd (seit 1721), das **Hirschportal**, schuf F. W. Buttel 1826, die Hirschplastiken auf den Pfeilern Christan Daniel Rauch.
Am Tiergarten 14 • Tel. 0 39 81/20 44 90 • www.tiergarten-neustrelitz.de • Nov.–März tgl. 9–16, April, Okt. 9–17, Mai, Sept. 9–18, Juni–Aug. 9–19 Uhr • Eintritt 4,50 €, Kinder 2 €

Schlossgarten 🔴3

Der 1729 bis 1731 projektierte, von Lenné ausgebaute Park zwischen einstigem Schloss und Zierker See bildet mit der als Restaurant und für Konzerte genutzten, pompejanisch ausgemalten **Orangerie** von 1755, den Skulpturen der **Götterallee**, dem Marstall und der einschiffigen **Schlosskirche** ein faszinierendes städtebauliches Ensemble. Sehr lohnend ist der Spaziergang zum **Luisentempel** für Preußens Königin der Herzen, die Prinzessin von Mecklenburg-Strelitz. Ein ausgeschilderter Wanderweg führt zu Luises Lieblingsplatz im Wald, der **Schlosskoppel** südwestlich des Schlossgartens. Auf dem ehemaligen Schlossareal finden die Festspiele statt. Einen schönen Blick über Tribüne und Zelte verschafft ein Aussichtstürmchen (Eintritt 1 €).

WUSSTEN SIE, DASS …

… der britische Botaniker Joseph Banks die von ihm 1773 klassifizierte südafrikanische Paradiesvogelblume nach Queen Charlotte aus dem Hause Mecklenburg-Strelitz *strelitzia reginae* taufte? Deutschlands erste Strelitzie erblühte 1822 auf Schloss Hohenzieritz.

MUSEEN

Landeszentrum für erneuerbare Energien (LEEA)

Neben allerlei Wissenswertem zur Zukunft der Energieversorgung beherbergt die 2012 eröffnete Einrichtung eine Replik des 2007 entdeckten »Müritz-Ötzi«, der schon vor 5000 Jahren eine Schädelöffnung überlebt hat. Im Unterschied zum »echten Ötzi« handelt es sich aber nicht um eine Mumie, sondern um ein Skelett.

Am Kiefernwald 1 • www.leea-mv.de • Mi–So 11–17 Uhr • Eintritt 5 €, Kinder 3 €

Plastikgalerie Schlosskirche

Der 1846 in Auftrag gegebene, aber erst 1855 bis 1859 von F.-W. Buttel realisierte Ziegelbau ist schon für sich eine Attraktion. Jährlich werden drei Werkschauen bedeutender Bildhauer sowie Figürliches aus Sammlungen gezeigt.

Hertelstr. 2 • www.neustrelitz.de • April–Okt. Di–So 11–18 Uhr • Eintritt 3 €, Kinder 1,50 €

Slawendorf Neustrelitz

▸ S. 120, C 10

▸ Familientipps S. 34

Stadtmuseum

Zu sehen ist Interessantes zum Residenzstadtbau und zur Geschichte des Herzogtums Mecklenburg-Strelitz samt Plastiken von Christian Daniel Rauch in drei Räumen. Direkt gegenüber wird die Post bis 2013 zum Kulturhistorischen Museumszentrum umgerüstet.

Schlossstr. 3 • www.neustrelitz.de • Mai–Sept. Di–So 11–18, Okt.–April Di–So 11–16 Uhr, Mo geschl. • Eintritt 2 €, Kinder 1 €

ÜBERNACHTEN

The Royal Inn Park Hotel Fasanerie

Wuchtig am Weiher • Der klassische Ziegelbau mit Park ist ein prämiertes Tagungshotel, aber auch eine Bett-& Bike-Herberge mit Restaurant und Wellnessbereich (freie Saunanutzung).

Karbe-Wagner-Str. 59 • Tel. 0 39 81/4 89 00 • www.neustrelitz.the-royal-inn.de • 68 Zimmer • €€–€€€

Eine Strelitzie vor dem Bild Königin Charlottes im Stadtmuseum Neustrelitz (▶ S. 56). Sie erhielt ihren Namen von John Banks, dem Leiter der Londoner Kew Gardens.

ESSEN UND TRINKEN

Fürstenhof

Herzogliches Gourmetvergnügen • Torsten Günther und Helmut Borth laden zur siebengängigen Strelitzer Hofküche (39 €). Dazu gibt's Kochkurse und an Sonntagen die Pottkieker-Party.
Am Markt 3 • Tel. 0 39 81/20 47 74 • www.fürstenhof-neustrelitz.de • Di–So 12–15, 18–22 Uhr • €€–€€€

KONZERTE

Hofkonzerte Klein Trebbow

Kein Fürsten-, sondern ein Bauernhof ist beliebter Treff der Neustrelitzer Musikfreunde und ihrer Gäste. Gabriele und Christoph Poland öffnen die Galerie in der Scheune nur zu Konzerten. Übernachten kann man auf dem Campingplatz.
Klein Trebbow, Dorfstr 16 • Tel. 0 39 81/44 13 08 • www.hof-konzerte.de • Eintritt 10–15 €, Kinder frei

THEATER

Landestheater Neustrelitz

Das einstige Friedrich-Wolf-Theater (400 Plätze) entstand an der Stelle des Komödien- und Redoutenhauses von 1775. Dieses Hoftheater brannte 1924 nach Wagners »Tannhäuser« ab. Schauspiel-, Musiktheater- und Kinderprogramm werden mit dem Theater Neubrandenburg erarbeitet. Eine nette Gastronomie gibt's im Theaterkeller.
Friedrich-Ludwig-Jahn-Str. 14 • Tel. 0 39 81/27 70 • www.theater-und-orchester.de • Karten 12–22 €, Kinder 6–11 €

SERVICE

AUSKUNFT

Tourist- und Nationalpark-Information

Strelitzer Str. 1 • Tel. 0 39 81/25 31 19 • Nationalparkbüro Tel. 0 39 81/25 31 06 (nur Mai–Okt.) • www.neu

strelitz.de • Mai–Sept. Mo–Fr 9–18, Sa, So 9.30–13, Okt.–April Mo–Do 9–12, 13–16, Fr 9–12 Uhr

Ziele in der Umgebung

◎ Carpin ▸ S. 121, D 10
890 Einwohner

Zur Gemeinde Carpin zählt auch Serrahn mit dem UNESCO-Welterbe. Der Buchenwald-Erlebnispfad startet auch ab Zinow, 10 km östlich von Neustrelitz. Von Carpin können Pkw bis zur Dorfkirche Goldenbaum im Zentrum der Ost-Exklave des Nationalparks fahren.
14 km östl. von Neustrelitz

ÜBERNACHTEN/ESSEN UND TRINKEN
Landhotel am Backhaus
▸ S. 121, D 10

Gut und günstig • Ein Restaurant mit »Buffet satt«, dazu Café, Bäckerei und preiswerte Übernachtung an der B 198 bietet Familie Rocholl im gelb-rot verputzten Bau. Gefeiert wird in »Dat Danzhus«.
Lindenstr. 34 • Tel. 03 98 21/4 02 21 • www.landhotel-am-backhaus.de • Restaurant tgl. 12–14, 17–20 Uhr • €

SERVICE
AUSKUNFT
Nationalparkinformation
▸ S. 121, D 10
Serrahn, Forsthaus Serrahn • Tel. 03 98 21/4 03 43 • www.mueritz-nationalpark.de • Mai–Okt. tgl. 10–17 Uhr • Eintritt UNESCO-Ausstellung frei

◎ Kratzeburg ▸ S. 120, C 9
560 Einwohner

Die 1170 erstmals erwähnte slawische Burg Castrum Zcarnitz stand unweit des Bronzezeit-Burgwalls von Pieverstorf. Mit dem Schnitzaltar von 1450 birgt Kratzeburgs Fachwerkkirche einen besonderen

Von der Natur gemalt. Blick auf den Schweinegartensee bei Carpin (▸ S. 58) im Naturpark Feldberger Seenlandschaft (▸ S. 59).

Schatz. Heute ist Kratzeburg Ausgangspunkt zu Wanderungen ins **Havelquellgebiet** mit der symbolischen Havelquelle Diekenbruch bei Ankershagen.

Mit Bahnhof und Information ist Kratzeburg perfekt für Touren in den **Müritz-Nationalpark** gerüstet, Dalmsdorf und Granzin auch per Bus und Pkw erreichbar.

16 km nordwestl. von Neustrelitz

MUSEUM

Fledermausmuseum

Vampire und alles rund um »Die mit den Händen fliegen« sind Thema im ersten Stock der Nationalpark-Information.

Dorfstr. 31 • Tel. 03 98 22/2 96 65 • www.mueritz-nationalpark.de • Mai–Okt. tgl. 10–17 Uhr • Eintritt frei

ÜBERNACHTEN/ESSEN UND TRINKEN

Töpferhof Steuer 🍴👥 ▸ S. 120, C 10

Landlust pur • Stefan Schöttler und befreundete Berliner Künstler schaffen Töpferkunst vom Feinsten, die in der Galerie hinter dem Hofcafé mit Biokuchen besichtigt (und erworben) werden können. Mitmachkurse finden im Juli und Aug. immer dienstags von 10 bis 15 Uhr statt. Radler nutzen die Wohnungen »Große Berta« und »Kleine Klara«. Für ein entspanntes Essen unter freiem Himmel stehen die große Wiese und ein eigener Grillplatz zur Verfügung. Geführte Kanu- und Radtouren sowie Fischadler-Wanderungen starten jeweils um 11 Uhr. Mit Bootsverleih (24 €/Tag).

Kratzeburg-Granzin, Nr. 4 • Tel. 03 98 22/2 02 42 • www.toepferhofsteuer.de • Mai–Okt. tgl. 9–18 Uhr • 5 Betten • € • Touren und Wanderungen 7,50–20 €, Kinder 2,50–10 €

◎ **Wanzka**   S. 121, D 10, D 9

1700 Einwohner (Gem. Blankensee)

Der Bau der Kirche des ehemaligen Zisterzienserinnenklosters Wanzka begann vor 1283 während der Ostkolonisation. Das Kleinod an der Wacholderheide baute F. W. Buttel nach Blitzschlag und Brand 1833 wieder auf. Reizvoll sind die Kirchenkonzerte.

Blankenseer Str. 34 • Tel. 03 98 26/7 68 44 • www.kirchenkreis-stargard.de • Juli, Aug. tgl. 15–17 Uhr und nach Vereinbarung • Eintritt frei

15 km nordöstl. von Neustrelitz

Feldberg und Feldberger Seenlandschaft

4600 Einwohner   ▸ S. 121, E 10

Seen, Wälder, Rad- und Wasserwandern, Wasserski und Tauchen erheben die eiszeitlich geprägte Landschaft rund um den Hauptort Feldberg zum Feriengeheimtipp. Mit dem Bau der Heilwasseranstalt am Haussee begann 1855 der Aufstieg, der 160 Jahre später mit der Ernennung zum Kneippkurort gekrönt werden sollte. Die Tradition setzt seit 1998 die Klinik am Haussee fort.

Von ihrem Park (mit Café und kleiner Galerie) aus wirkt das Stadtpanorama am schönsten. Audioguides (bei der Touristinformation, 3 €) führen die Besucher zu 23 Stationen am historischen Rundweg um den **Haussee**, der seit 2008 als **Nature-Fitness-Park** mit fünf Nordic-Walking-Routen (1,8–7,1 km) aufwartet. Es geht zum Reiherberg, zum Seerosenkanal und zum **Drostenhaus** von 1781 auf dem Amtswerder. Dort entstand 1256 eine erste Amtsburg. Vom 7. bis 9. Jh. thronte eine Slawenburg auf dem Schlossberg am Nordwestufer des Breiten Luzin, zahlreiche Inseln waren besiedelt. Der Burgwall erinnert an sie. Wahrzeichen ist die für Konzerte genutzte neogotische **Backsteinkirche** von 1875. Den Altaraufbau ziert ein Gemälde des Neustrelitzers Georg Kannengießer.

SEHENSWERTES
Naturpark Feldberger Seenlandschaft 4
▶ S. 121, E 10
Wanderungen, z.B. in den Wiesenpark zu Orchideen, zu himmlischen Seen und ihrer Tier- und Pflanzenwelt im Moor, organisiert die Kurverwaltung. Ein Klassiker ist der **Fridolin-Wanderweg** nach Carwitz, zum Zansen-See und Schmalem Luzin (10,5 km). Die Querung des 34 m tiefen Schmalen Luzins bewältigt am Ende des Treppenabstiegs (105 Stufen!) Europas letzte handbetriebene Personenseilfähre. Frank Schultze führt Besucher ab Gut Wittenhagen auf dem Eiszeitlehrpfad zum Thema »steinreich und bettelarm – Gletscher, Endmoränen und Toteisseen«. Schöne Ziele sind auch der Cantnitzer Wacholderberg und die Heiligen Hallen (Lüttenhagen).

MUSEUM
Heimatmuseum
Stadtgeschichte von der Zeit der Slawenburg bis zur Gegenwart.
Amtsplatz 36 • Mo, Mi, Fr 14–16, Sa, So 10–12, 14–16 Uhr • Eintritt frei

ÜBERNACHTEN/ESSEN UND TRINKEN
Hotel Hullerbusch
Schatzkästchen mit Geschichte • Einst Offiziersdomizil und Tagungsort der DDR-Kulturminister, heute ein Hotel mit herrlicher Restaurantterrasse zum Park mit seinen uralten Bäumen. Jedes Zimmer ist ein Unikat. Im 250 m entfernten Hofladen Schäferei Hullerbusch (▶ grüner reisen S. 18) gibt es Bioprodukte.
Hullerbusch 12 • Tel. 03 98 31/ 2 02 43 • www.hotel-hullerbusch.de • Nov.–Ende März geschl. • 2 Suiten, 8 Zimmer • €€

SERVICE
AUSKUNFT
Touristinformation/Kurverwaltung
Strelitzer Str. 42 • Tel. 03 98 31/ 27 00 • www.feldberger-seenlandschaft.de • Ostern–Okt. Mo–Fr 9–18, Sa 10–15, Juli/Aug. auch So 10–13, Nov.–April Mo–Fr 10–16, Sa 10–12.30 Uhr

Fähre Schmaler Luzin
Thomas Voigtländer ruft man mit »Fährmann, hol över« vom Café mit Bootsverleih (5–8 €/Std.).
An der Fähre 1 • www.luzinfaehre.de • Mai, Juni, Sept. Mo–Fr 10–17, Sa, So 9–18, Juli, Aug. Mo–Fr 10–18, Sa, So 9–19, Okt. bei gutem Wetter ab 12 Uhr • Ticket 1,50 €, Kinder 0,50 €, Fahrrad 1 €

Feldberger Fahrgastschifffahrt
Mit »Rokado«, »Reczow« oder »Lisabelle« geht es über die Seen. Dazu Boots-, Kajak- und Radverleih.
Strelitzer Str. 40 • Tel. 03 98 31/ 2 09 40 • www.feldberger-fahrgast schifffahrt.de

Ruhepuls Sporttouristik
Christian Bermes verleiht Kanus, Boote und Flöße und lädt zu Beachvolleyball, Boule und ins Bistro am See.
Amtsplatz 50 • Tel. 03 98 31/2 29 09 • www.ruhepuls.com • Kajak ab 7 €/ Std.

Tauchcenter Feldberg

Schnuppertauchen, Floßtouren, Kurse, Verleih.

Strelitzer Str. 18 (Hotel Deutsches Haus) • Tel. 01 76/66 60 23 93 • www.tauchcenter-feldberg.de

Ziele in der Umgebung

◎ Carwitz   ▶ S. 121, E 10

350 Einwohner

Der altpolabisch von Karva (»Kuh«) hergeleitete Ortsname verweist auf die Landwirtschaft. Tatsächlich ist Carwitz aber seit 1216 ein Fischerdorf, was die Gaststätten rund um den Dorfanger mit dem turmlosen Fachwerkbau der Dorfkirche von 1706 bis heute kulinarisch unter Beweis stellen.

Die idyllische Sommerfrische ist eng verbunden mit dem Schriftsteller Hans Fallada, der bürgerlich Rudolf Ditzen hieß und 1933 hierher zog. Die Ruhestätte des Autors von »Kleiner Mann, was nun« befindet sich im Fallada-Park, dem ehemaligen Dorffriedhof. Ein Spielplatz im Unterdorf ist von Falladas »Geschichten aus der Murkelei« inspiriert.

Landmarken sind die Holländermühle und ein 20-Tonnen-Trumm, »Der Hüter« im Findlingsgarten am Weg nach Thomsdorf.

2 km südöstl. von Feldberg

ÜBERNACHTEN/ESSEN UND TRINKEN

Fischerhütte »Zum Hecht«

Guten Hunger! • Drinnen und draußen Brat-, Koch- und Räucherfisch aus eigener Fischerei, dazu 5 Ferienwohnungen direkt am See.

Jägerwörde 31 • Tel. 03 98 31/ 2 11 54 • www.ferien-beim-fischer. de • April Mi–So 12–21, Mai–Sept. tgl. 12–21, Okt. Mi–So 12–20 Uhr • 8 Zimmer • €€

MERIAN-Tipp   **9**

HANS-FALLADA-MUSEUM

▶ S. 121, E 10

Das Büdnerhaus von 1875 war 1933 bis 1944 Domizil des Schriftstellers Hans Fallada. In Haus, Garten und Scheune des Anwesens sind Falladas Kinderbücher, Filme und Fotos zu entdecken. Regelmäßig Konzerte und Lesungen.

Carwitz, Zum Bohnenwerder 2 • www.fallada.de • April–Okt. Di–So 10–17, Nov.–März 13–16 Uhr • Eintritt 4 €, Kinder 3 €

◎ Fürstenhagen   ▶ S. 121, E 10

500 Einwohner

Der Saalbau der **Dorfkirche** ist ein Spätwerk von Oberbaurat Buttel. Vom Vorgängerbau (1703) stammt der barocke Kanzelaltar. Bis 1994 aufwändig restauriert, dient sie heute als Hochzeitskirche. Die 17 außergewöhnlichen Glasfenstermalereien schuf Andrey Vystropov 1997.

8 km nordöstl. von Feldberg

ÜBERNACHTEN/ESSEN UND TRINKEN

Alte Schule Fürstenhagen

▶ grüner reisen, S. 17

◎ Triepkendorf   ▶ S. 121, E 10

300 Einwohner

Trybekendorpe (»Ort der Familie«) besitzt eine Feldsteinkirche aus dem 13. Jh. mit einem Fachwerkturm von 1769. Orgelkonzerte locken ins nahe Dolgen zu Friedrich Wilhelm Dunkelbergs **Rundkirche** von 1806. Kulturell fördert Katharina und Michael Vogts **KulturWirtschaft** Triepkendorf mit Kindertheater,

Großer Oper »ganz klein«, Galerie, Klassik und Jazz (www.kulturwirt schaft-info.de).

11 km südwestl. von Feldberg

ÜBERNACHTEN/ESSEN UND TRINKEN

Tenzo Gasthof ♟️&

Logis bei guten Freunden • Der Name klingt japanisch, gekocht wird aber klassisch-ländlich und überwiegend mit ökologischen Zutaten. Ehemaliges Schulhaus in Lehmbauweise, Terrasse, Garten und Spielplatz. Auch vegetarische Küche und Kochkurse.

Alter Schulweg 2–4 • Tel. 03 98 20/ 3 39 40 • www.tenzo-gasthof.de • Juli, Aug. Do–Di 12–22, Sept.–Juni Mo, Do, Fr 17–22, Sa, So 12–22 Uhr • 12 Betten • €€

Mirow ▸ S. 120 B 11

3420 Einwohner

Mirow, »Ort des Friedens«, feierte 2012 sein 785-jähriges Bestehen. 1226 gründete der Johanniterorden auf der **Schlossinsel** 5 im Mirower See eine Komturei. 1648 säkularisiert, wanderte der Besitz 1701 an Mecklenburg-Strelitz. Christoph Julius Löwe baute 1749 bis 1751 das **Schloss** auf dem Vorgängerbau von 1708. Das **Kavaliershaus** gegenüber folgte bis 1760. Die **Johanniterkirche** (14. Jh.) wurde nach dem Brand 1742 neu aufgebaut. Der Turm ist seit 1993 wieder intakt. Älter noch sind das **Torhaus** (1588) und das **Untere Schloss** von 1735. Mirows Bedeutung für das Herzogtum sank rasch, das stille Idyll diente fortan als Grablege. Beschaulich ist die über eine Brücke erreichbare **Liebesinsel** mit dem Grabmal des letzten Strelitzers Adolph Friedrich VI. Er wählte 1918 den Freitod.

MUSEEN

3-Königinnen-Ausstellung ♟️

Das Kavaliershaus (3-Königinnen-Palais) beherbergt eine Multimedia-Ausstellung über die berühmten Herzogstöchter. Das Maskottchen »Carl der Frosch« führt die Kleinen via Audioguide durchs Haus. Im Café zaubert Bäcker Reinhold Luisen-, Charlotten- und Friederikentorten. Auch das Schloss ist wieder zu besichtigen.

Schlossinsel 2 a • www.3koeniginnen. de • April–Okt. tgl. 10–18, Nov.–März Do–Mo 10–16, Di, Mi nur nach Vereinbarung • Eintritt 5 €, Kinder 2 €

Johannitermuseum

Links vom Altar der gotischen Johanniterkirche befindet sich die Fürstengruft (18. Jh.). Im 29 m hohen Kirchturm führt die kleine Ausstellung (1. und 2. Etage) in den Orden ein. Treppauf folgen Glockenstuhl und Secondhand-Buchbasar, ehe man von Plattform in der 5. Etage aus das Seepanorama genießen kann.

Schlossinsel 1 • www.johanniter kirche-mirow.de • Ostern, Mai–Okt. Mo–Sa 10–18, So 10.30–18 Uhr • Eintritt 2 €, Kinder 1 €

ÜBERNACHTEN/ESSEN UND TRINKEN

Alte Schlossbrauerei ♟️🐾

Schöne Aussichten • Erholung pur garantiert der Terrassenblick auf den Mirower See. Martina Heydens Crew kreiert bodenständige Küche mit Pfiff und leckere Desserts. Der Ritterkeller (Ex-Eiskeller) wartet mit deftigen Vier-Gänge-Menüs und der Kellerbühne »FreiGespielt« auf.

Schlossinsel 3a • Tel. 03 98 33/ 2 03 46 • www.alte-schlossbrauerei. de • März, April, Nov., Dez. Mi, Do,

Die Mirower Schlossinsel (▶ S. 62) mit der Johanniterkirche war eine der Neben-residenzen der Herzöge von Mecklenburg-Strelitz.

So 12–17, Fr, Sa 12–20, Mai–Okt. tgl. 12–21 Uhr • 15 Zimmer • €€

Blaue Maus

Lars Pohlmann hat im 250 Jahre alten Fachwerkhaus auch die Schlüssel für eine kleine Ferienwohnung parat. Der Weltkrieg-I-Pilot Paul Handreak öffnete die Gaststätte Ende der 1920er-Jahre und taufte sie nach einem Jagdflugzeug. Hausspezialität ist Wild.
Schlossstr. 11 • Tel. 03 98 33/2 17 34 • www.gasthof-blaue-maus.de • Mai–

Okt. Mo–Sa 17–22, So 12–14, 17–22, Nov.–April Mi–Sa 17–22, So 12–14, 17–22 Uhr • €

SERVICE
AUSKUNFT/FÜHRUNG
Touristinformation
Inselführung (75 Min.) mit 3-Königinnen-Ausstellung und Johannitermuseum Di, Do 11 Uhr (8 €).
Schlossinsel 2a • Tel. 03 98 33/2 75 67 • www.klein-seenplatte.de • April, Okt. Mo–Fr 10–17, Mai, Juni, Sept. Mo–Fr 10–18, Sa 10–16, Juli,

Die Burg Wesenberg (13. Jh.) beherbergt heute ein Museum (▶ S. 65) zu Fischerei, Forstwirtschaft und regionaler Geschichte.

Aug. Mo–Fr 10–18, Sa, So 10–16, Nov.–März Mo–Fr 10–16 Uhr

Blau Weiße Flotte 👬 ⚓

Die Mirower Schifffahrts GmbH regiert als Teil der Blau Weißen Flotte mit Rundfahrten den Mirower See und die umliegenden Gewässer: Stadthafen Rotdornstraße • Tel. 03 98 33/2 22 70 • www.schiffahrt-mueritz. de • Mai–Okt. • Ticket ab 8 €, Kinder 4 €, Rad 4 €

Ziele in der Umgebung

◎ **Diemitz**   ▶ S. 120, B 11
200 Einwohner

Die **Diemitzer Schleuse** zwischen großem und kleinem Peetschsee ist ein Engpass der Müritz-Havel-Wasserstraße. Schon 1274 urkundlich erwähnt und Sitz des Ritters Vietz, sind Diemitz, altslawisch »Rauchstätte«, und das nahe **Fleeth**, altslawisch »Zauber(-in)«, bei Kanuten und Radlern beliebt. Einen kurzen Besuch wert ist die Dorfkirche. 22,5 km (Straße) südöstl. von Mirow

ÜBERNACHTEN/ESSEN UND TRINKEN
Biber Ferienhof 👬

Komfort ohne Schnickschnack • Ein Ferienhaus, zwei Bootshäuser, sechs Holzhäuser, Ferienwohnungen und viel Platz zum Zelten stehen am Labus- und kleinen Peetschsee bereit. Die Gaststätte »Zum Biber« verwöhnt jeden Gaumen mit saisonalen regionalen Produkten. Von der Fass-Sauna kann man direkt in den See springen. Mit Spielplatz, Outdoorladen, Galloway-Rindern und Riesenkater Balu. Vermietung von Kajütboot, Kajaks (Biber Tours) und »Pläät«(Floß). Diemitz Schleuse 5 • Tel. 03 98 27/ 79 98 88 • www.biberferienhof.de • Mai tgl. 12–21, Juni–Aug. tgl. 12–22, Sept. Do–Mo 12–21 Uhr • €

SERVICE
Biber Tours/Biber Camp

Zelt-, Floß- und Wagen-Hotel, dazu Kajakverleih und geführte Seentouren für Abenteuer mit Genuss. Diemitz Schleuse 1 • Tel. 03 98 27/ 3 00 11 • www.bibertours.de • Mai–Sept. tgl. 8–21 Uhr • Kajak 7 €/Std. • €

EINKAUFEN
Töpferei Frank Verchau

Die schicken Vasen des 1958 geborenen Künstlers sind auch auf dem Central Mecklenburgischen Töpfermarkt Burg Schlitz (Anfang Aug.), bei Kunst am Schloss (Mirow, Mitte Aug.) und auf dem Töpfermarkt Rheinsberg (Okt.) zu erwerben. Dorfstr. 18 • Tel. 03 98 27/7 98 99 • www.keramik-bodenvasen.de • nach Vereinbarung

◎ Wesenberg ▶ S. 120, C 10

3050 Einwohner

Mit dem Woblitzsee und am Kreuzungspunkt von Müritz-Havel- und Oberer Havelwasserstraße hat sich das beschauliche Dorf zum pulsierenden Tourismusmagneten gemausert. Mehrfach wechselte die **Grenzburg** ab dem 13. Jh. zwischen Brandenburg und Mecklenburg. Vom Ursprungsbau des Nikolaus von Werle (1276) blieb der Fangelturm (Burgfried). Die **St. Marienkirche** (14. Jh.) mit Kreuzrippen- und Sternengewölbe erlebte die Reformation unter Heinrich dem Friedfertigen. Sie besitzt eine Kanzel von 1711, eine Messingtaufschale von 1663 und die berühmte Röder-Orgel von 1717.
Am restaurierten Rathaus am Markt prangt das Stadtwappen: drei rote Türme auf grünem Hügel. Orts-

auswärts gen Wustrow (B 198) und direkt am Radweg Berlin–Kopenhagen besitzt der **Findlingsgarten »Am Kreigenberg«** des Geoparks Eiszeitlandschaft auch ein Storchennest und eine Aussichtsplattform. 10 km östl. von Mirow

MUSEUM
Burgmuseum/Heimatstube 👫

Ausstellung zu Rittern, Archäologie und Forstwirtschaft sowie die sehenswerte Fischereisammlung von Fischermeister Bork. Zum Burgfest im Juli gibt es Kinderprogramm. Auf der Burg • www.wesenberg-mecklenburg.de • tgl. Juni–Aug. 10–18, Okt.–Mai 10–16 Uhr • Eintritt 2 € Kinder 1 €

SERVICE
AUSKUNFT
Touristinformation

Burg 1 • 03 98 32/2 06 21 • www. klein-seenplatte.de • April, Okt. Mo–Fr 10–17, Mai, Juni, Sept. Mo–Fr 10–18, Sa 10–16, Juli, Aug. Mo–Fr 10–18, Sa, So 10–16, Nov.–März Mo–Fr 10–16 Uhr

Kanu-Mühle 👫 ▶ S. 120, C 10

Eine Institution unter Kanuten mit riesigem Kinderangebot! Kein Wunder: sechs Kids, die Katzen Karl und Atze und der Hund Whisky gehören zum Team. Canadier- und Kajakverleih (8 €/Std., 20 €/Tag), Kanukurse und geführte Ausflüge, dazu Räder (10 €/Tag) und Übernachtung in Zelt, Blockhaus oder fünf Minizimmern. Schlafsack 3 €. Havelmühle 1 • Tel. 03 s98 32/ 2 03 50 • www.kanu-muehle.de • April, Okt. tgl. 10–18, Mai, Juni, Sept. 9–18, Juli, Aug. 9–19 Uhr, Nov.–März nach Vereinbarung • €

Der Westen
Bio und Bier, Klosterleben im idyllischen Dobbertin, kristallklare Seen, unberührte, lichtdurchflutete Kiefernwälder und die Barlachstadt Güstrow setzen attraktive Kontraste.

◀ Das Schloss in Güstrow (▶ S. 70) gilt als einer der bedeutendsten Renaissancebauten in Nordeuropa.

Güstrow ✶ 6   ▶ S. 117, E 1

▶ Stadtplan S. 69
29 750 Einwohner

Der Nordosten

Der Westen

Müritz und
Plauer See

Der Südosten

Die siebtgrößte Stadt des Bundeslandes trägt den offiziellen Zusatz »Barlachstadt«, um auch posthum an den großen Bildhauer, Zeichner und Schriftsteller zu erinnern. Als »Paris des Nordens« war die einstige großherzogliche Residenzstadt Ziel vieler Prominenter: Wallenstein war hier, ebenso August der Starke und Zar Peter der Große. Zuletzt machte die Visite des damaligen Bundeskanzlers Helmut Schmidt im Dezember 1981 Furore, als rund um den **Marktplatz** mit den heute restaurierten **Giebelhäusern** die Bevölkerung von ihm und Staatschef Honecker völlig abgeschottet wurde.

Güstrow, der »Ort der Eidechsen«, findet sich seit Anfang des 12. Jh. in den Annalen, als der Apostel der Pommern, Otto vom Bamberg, 1128 Geistliche hierher schickte.

Eine erste Burg wurde am Standort des heutigen Schlosses ab 1219 errichtet, wenig später folgte die Zuerkennung des Stadtrechts. Bis 1436 war Güstrow Residenz der Herren von Werle, die dafür ihren Stammsitz nahe Bützow aufgaben. Schwarze Tage erlebte Güstrow 1330 mit der Verbrennung von 23 Juden und der Zerstörung der Synagoge, die durch den Neubau einer Kapelle zum Heiligen Geist ersetzt wurde. 1503 ging auch sie in Flammen auf, weitere Feuersbrünste folgten 1508 und 1512, 1556 loderte die Burg lichterloh. Die neue **Heilig-Geist-Kapelle** erlebte 1524 die erste

Reformationspredigt. 1552 wurde im Dom die letzte katholische Messe gefeiert. Im gleichen Jahr öffnete die Domschule, erste Theatervorstellungen begannen. Seine Blüte erlebte Güstrow als Herzogsresidenz bis 1695. Das napoleonische Intermezzo 1808 bis 1812 wollten schon 1813 Tausende Güstrower »Befreiungskrieger« beenden, die danach selbstbewusst die neue Bürgerstadt im klassizistischen Stil aufbauten. 1829 war die neue Synagoge fertiggestellt. 1848 war Güstrow ein Zentrum des nationalen Aufstands.

Die Industrialisierung brachte Kanalbau, den Bahnhof und eine Zuckerfabrik, Wasserleitungen und Strom. Die Synagoge wurde in der Pogromnacht 1938 erneut zerstört.

Nach 1991 profitierte Güstrow von der Stadtsanierung, doch schrumpfte die Einwohnerzahl um ein Fünftel. Die innerstädtische Fußgängerzone führt auch zum Pferdemarkt mit dem Borwin-Brunnen zu Ehren des Stadtgründers Heinrich Borwin II.

SEHENSWERTES

Dom   ▶ S. 69, b 3

Das der Hl. Maria, St. Johannes Evangelista und St. Cäcilia geweihte Gotteshaus gilt als Paradebeispiel norddeutscher Backsteingotik (erste Hälfte 13. Jh.). Die Gründung des Kollegstiftes erfolgte 1226 unter Fürst Heinrich Borwin II. Das Langhaus wurde 1330 eingeweiht. Der mächtige Westturm misst 44 m. Aus frühgotischer Zeit ist die Tauffünte, das Triumphkreuz entstand Mitte des 14. Jh.

Güstrow war nie Bischofssitz: Der Kollegiatstatus wurde 1552 mit der Reformation aufgehoben, der Dom wurde Hofkirche und Grablege der Herzöge. Die zwölf lebensgroßen **Güstrower Apostelfiguren** schuf der Lübecker Bildhauer Claus Berg um 1530, den grandiosen **Flügelaltar** Hinrik Bornemann 1495.

Die Giebelhäuser (▶ S. 67) in Güstrow sorgen für eine reizvolle Altstadtkulisse.

Im Chor steht das monumentale Renaissancegrabmal des Herzogs Ulrich von Philip Brandin mitsamt den Skulpturen seiner zwei Gattinnen Elisabeth von Dänemark (gest. 1586) und Anna von Pommern-Wolgast (1575–1599). Die Lütkemüller-Orgel von 1868 umfasst 37 Register. 1996 erhielt das Nordschiff eine Orgel des Dresdner Orgelbauers Wegscheider.

Hier sind drei Werke von Ernst Barlach zu sehen: ein Terrakottarelief mit Aposteldarstellung von 1925, »Der Gekreuzigte« von 1918 und Barlachs berühmter »**Schwebender**« von 1927. Er trägt vermutlich die Gesichtszüge seiner Künstlerkollegin

WUSSTEN SIE, DASS …

… der »Schwebende« viermal entstand? Das Original zerstörten die Nazis 1937 als »entartete Kunst«, ein Abguss von 1952 wird in der Kölner Antoniterkirche aufbewahrt, die dritte Fassung befindet sich seit 1953 im Dom zu Güstrow. Version 4 ist seit 1987 in Schloss Gottorf in Schleswig zu sehen.

Käthe Kollwitz und ist Mahnmal für die Opfer des Ersten Weltkriegs. Phil.-Brandin-Str. 5 • Tel. 0 38 43/ 68 13 48 • www.dom-guestrow.de • Mitte Mai–Mitte Okt. Mo–Sa 10–17, Mitte Okt.–Mitte Nov. und April Di–Sa 10–12, 14–16, Mitte Nov.–März Di–Sa 11–12, 14–15 Uhr; So ganzjährig Gottesdienstende bis 12, 14–16, Mitte Nov.–März bis 15 Uhr • Eintritt (Spende) 1 € , Fotoerlaubnis 3 €

Domschule ▶ S. 69, b 3

Den schönsten Blick auf die Renaissancefassade des Neubaus der Lateinschule von 1579 am Domplatz hat man von der Kerstingstraße aus. Der dreigeschossige Ständerbau wurde perfekt restauriert.

Marienkirche ▶ S. 69, b 2

Güstrows Pfarrkirche am Markt, ein dreischiffiger Hallenbau der norddeutschen Backsteingotik (ab 1308),

© MERIAN-Kartographie

erhielt seine endgültige Gestalt erst im 19. Jh. Herausragend ist der Flügelaltar des Brüsseler Schnitzers Jan Borman von 1522.

Seit drei Jahrzehnten ist auch Barlachs Terrakottaplatte »Engel der Hoffnung« in der Kirche zu sehen. Die Orgel von 1931 stammt von der berühmten Orgelbaufirma Sauer in Frankfurt/Oder.

Am Markt • www.pfarrgemeinde-guestrow.de • Mitte April–Mai Mo–Sa 10–12, Juni–Sept. Mo–Sa 10–17, So 14–16, Anfang–Mitte Okt. tgl. 14–16, Mitte Okt.–Mitte April Mo–Sa 11–12, 14–15, So 14–15 Uhr

Rathaus ▶ S. 69, b 2

Das wunderbar sanierte Gebäude am Markt bestand einst aus fünf Giebelhäusern. Erst 1798 wurde die klassizistische Schaufassade vorgesetzt. Weitere Giebelhäuser stehen am Markt, sehenswerte Altstadthäuser finden sich auch in den Gassen ringsum.

MUSEEN

Atelierhaus Ernst Barlach mit Ausstellungsforum-Graphikkabinett ▶ S. 69, südl. c 3

Das Multitalent Ernst Barlach (1870–1938) lebte 1931 bis 1938 auf dem Heidberg am Ostufer des Inselsees. Hinter seinem Atelierhaus mit biografischer Dauerausstellung steht das Wohnhaus des befreundeten Ehepaares Böhmer. Die Bildhauerin Marga Böhmer zog nach der Trennung von ihrem Gatten 1927 zu Barlach, dessen Lebensmotto »Kunst ist eine Sache allertiefster

Menschlichkeit« von profundem Humanismus zeugt. Das neue Ausstellungsforum der Barlach-Stiftung am Eingang links zeigt Grafiken, Plastiken, Handschriften und sehenswerte Themenschauen.
Heidberg 15 • www.ernst-barlach-stiftung.de • April–Juni, Sept., Okt. Di–So 10–17, Juli, Aug. tgl. 10–17, Nov.–März Di–So 10–16 Uhr • Eintritt 6 €, Kinder 4 €

Gertrudenkapelle ▶ S. 69, a 1

Die spätmittelalterliche Friedhofskapelle versammelt 30 außerordentlich schöne Barlach-Exponate, darunter »Lesender Klosterschüler«, »Frierendes Mädchen« und »Wanderer im Wind«. Rings um die Kapelle ist DDR-Bildhauerkunst zu sehen.
Gertrudenplatz 1 • www.ernst-barlach-stiftung.de • April–Juni, Sept., Okt. Di–So 10–17, Juli, Aug. tgl. 10–17, Nov.–März Di–So 10–16 Uhr • Eintritt 4 €, Kinder 2,50 €

Kunstsammlungen, Schlösser und Gärten Schloss Güstrow
▶ S. 69, b/c 3

Die elegante, reich verzierte Residenz (1558–1565) des Baumeisters Franz Parr beherbergt eine Dauerausstellung zum Mittelalter (UG), Prunkwaffen (EG), Skulpturen und Möbel der Renaissance sowie zur ostdeutschen Glasmalerei. Der manieristische Festsaal (1. OG) mit Hirschfries dient für Konzerte.
Franz-Parr-Platz 1 • www.schloss-guestrow.de • Di–So 10–17 Uhr • Eintritt 5 €, Kinder 3,50 €, Führung Sa, So 14 Uhr, plus 3 €

Natur- und Umweltpark NUP
▶ S. 69, südl. c 3

▶ Familientipps, S. 35

Städtische Galerie Wollhalle
▶ S. 69, b 3

Das Aushängeschild für zeitgenössische Kunst an Güstrows Kulturmeile war schon herzoglicher Pferdestall, Wollhandelsplatz und Theaterwerkstatt. Seit 1993 finden hier bemerkenswerte Ausstellungen statt.
Franz-Parr-Platz 9 • tgl. 11–17 Uhr • Eintritt 2,50 €, Kinder 1,50 €

ÜBERNACHTEN/ESSEN UND TRINKEN
Kurhaus am Inselsee
▶ S. 69, südl. c 3

Stilvoll • Zur Eröffnung des Kurhaus 1914 kosteten elf Glas Bier nur eine Mark. Seither halten die Güstrower ihrem Ausflugsziel die Treue. 2002 restauriert, locken nun Pianobar, Restaurant und Gartenterrasse, Schwimmbad und mehrere Saunen (tgl. 7–22 Uhr) zahlreiche Besucher ans Ufer des Inselsees.
Heidberg 1 • Tel. 0 38 43/85 00 • www.kurhaus-guestrow.de • 45 Zimmer • €€–€€€

SERVICE
AUSKUNFT
Güstrow Information ▶ S. 69, b 3

Hier ist die **FreizeitCard** erhältlich, die freien Eintritt in Atelierhaus, Gertrudenkapelle, Schloss, Stadtmuseum, Krippenmuseum, NUP und Schwimmbad »Oase« garantiert. Karteninhaber erhalten in 250 Geschäften und Restaurants Rabatt. Auch die Stadtführung ist kostenlos (www.guestrow-touristcard.de).
Franz-Parr-Platz 10 • Tel. 0 38 43/ 68 10 23 • www.guestrow-tourismus. de • Mai–Sept. Mo–Fr 9–19, Sa 10–17, So 11–17, Okt.–April Mo–Fr 9–18, Sa 10–16, So 11–16 Uhr • FreizeitCard 21,90 €, Kinder 14,90 € (zzgl. 5 € Pfand)

»Der Schwebende« von Ernst Barlach (▸ S. 68) im Dom von Güstrow ist ein Nachguss des 1937 von den Nazis zerstörten Originals von 1927.

Ziele in der Umgebung

◎ Bellin ▸ S. 117, E 2
300 Einwohner

Vor allem die Sommerkonzerte ziehen Besucher in die Feldsteinkirche mit Wand- und Gewölbemalereien des 14./15. Jh. und Marienaltar mit Strahlenkranzmadonna. Nebenan veranstaltet das Haus der Stille Fasten- und Meditationskurse mit Übernachtung (7 Zimmer). Auskunft gibt Pfarrer Christian Höser (Tel. 0 38 43/68 52 03, www.haus bellin.de).
12 km südl. von Güstrow

◎ Boitiner Steintanz ▸ S. 117, D 2

Drei nebeneinanderliegende Steinkreise und ein weiterer in 150 m Entfernung bilden die auch »Stonehenge Mecklenburgs« bezeichnete prähistorische Anlage zwischen Diedrichsdorf und Tarnow (ausge-schildert). Eine Schatzsage rankt sich um das 13. Loch auf dem Klotz der sogenannten »Brautlade«.
12 km südwestl. von Güstrow

◎ Groß Raden ▸ S. 117, E 2

Der kleine Ort am Binnensee kann gleich mit zwei Museen aufwarten.
26 km südwestl. von Güstrow

MUSEEN

Archäologisches Freilicht-museum 👪 ♿

Tempel, Tunneltor und Museum machen die Rekonstruktion des Heiligtums der slawischen Warnower aus dem 9./10. Jh. zum Erlebnis. Vom Parkplatz zum Freigelände ist es gut 1 km (Taxi-Shuttle: Tel. 0 38 47/ 31 15 66, Sondergenehmigung für Gehbehinderte).
Kastanienallee • www.freilicht museum-gross-raden.de • April– Okt. tgl. 10–17.30, Nov.–März Di–

So 10–16.30 Uhr • Eintritt 2,50 €,
Kinder 1,50 €

Oldtimermuseum 👥

In einem umgebauten Getreidespeicher sind ca. 100 Motorräder, darunter die komplette Simpson-Palette, und zehn Pkws zu besichtigen.
Dorfstr. 2 a • www.oldtimermuseum-grossraden.de • April–Okt. tgl. 11–16 Uhr • Eintritt 3 €, Kinder 2 €

◎ Krakow am See ▸ S. 117, F 2

3300 Einwohner

Die schmucke Luftkurort ist für viele ein Geheimtipp in der Seenplatte. Die Südseite des Karower Sees zählt noch zur Heide. Er ist aufgrund seiner besonderen Halsform Namensgeber der Stadt, des »Ortes der Krähen«. Seit je lebt man in Krakow von der Fischerei, Landwirtschaft und Wollweberei. Eine lange Tradition hatte auch die jüdische Gemeinde, deren Synagoge von 1866 am Schulplatz heute für Kulturevents genutzt wird. Sie wurde bei den Novemberpogromen 1938 nur leicht beschädigt, weil sie seit 1920 als Turnhalle diente. Schon 1325 hatte es erste Glaubensprozesse in der Stadt gegeben, Juden wurden auf dem Judenberg, dem heutigen Jörnberg, gerädert.

Bemerkenswert sind die romanisch-gotische Stadtkirche (13. Jh.), das neogotische Rathaus von 1875 mit dem Fisch-Springbrunnen gegenüber und die Seepromenade samt Bootshäusern.

20 km südl. von Güstrow

MUSEUM
Historische Buchdruckerei

In Krakows alter Schule sind eine Handsetzerei und eine Schnellpresse zu bestaunen, dazu gibt es die Heimatstube, eine Schauwerkstatt,

Spuren der Geschichte: 30 Menhire bilden den Boitiner Steintanz (▸ S. 71), die prähistorische Kultstätte in einem Wald bei Tarnow.

Workshops sowie Grafiken und Kalender im Laden.
Schulplatz 2 • www.druck-buchkultur.de • Mai–Okt. Di–Sa 10–12, 13–17, Nov.–April Di–Fr 10–12, 13–16 Uhr • Eintritt 1 € Kinder 0,50 € • Führung (20 Min.) 2 € Kinder 1 €

ÜBERNACHTEN/ESSEN UND TRINKEN
Ich weiß ein Haus am See ...
▸ MERIAN-Tipp, S. 15

SERVICE
AUSKUNFT
Touristinformation
Markt 21 • Tel. 03 84 57/2 22 58 • www.krakow-am-see.de • Mai–Sept. Mo–Fr 9–18, Sa, So 10–14, Okt.–April Mo–Fr 9–17 Uhr

Lübz   ▸ S. 117, E 3
6100 Einwohner

Lübz besitzt zwar ein Planetarium, berühmt ist die Stadt aber seit 1877 durch Gerstensaft. 1224 als »Landschaft Ture« erstmals urkundlich erwähnt, stammt der Stadtname von Lubicz, Ort des Lubec, was wiederum von »L'uby«, »geliebt«, ableitbar ist. Tatsächlich bezeugt die gepflegte Idylle der geliebten Stadt weniger die einst mächtige **Eldenburg**. Im 16. Jh. zum Schloss umgebaut und 1637 arg geplündert, fiel sie Bränden anheim und wurde 1691 geschliffen. Erhalten blieb nur der **Amtsturm** von 1308. Ein Nadelöhr in die vom Durchgangsverkehr abgeschirmte Altstadt um Ziegenmarkt, Rosengarten und Elde-Brücken ist die 1774/1846 errichtete Schleusenbrücke der Müritz-Elde-Wasserstraße. Zum bis 1999 renovierten Ensemble gehört seit 1759 das **Amtshaus** mit Anbau (1879). Das heimliche Wahrzeichen der vom Naturschutzgebiet

Die »Schirmkinder« sind das Wahrzeichen von Lübz (▸ S. 73).

Alte Elde, dem Wald Bobziner Tannen und dem Passower See umgebenen, 550 Jahre alten Stadt steht aber davor, im Rosengarten: Der Brunnen »**Schirmkinder**« von Christian Genschow (1814–1891) ist ein Schatz und zeigt Kinderwelt und -kleidung des ausgehenden 19. Jh. Schräg gegenüber vom restaurierten **Rathaus** ist mit einem mexikanischen Restaurant die neue Zeit eingezogen. Die Lübzer Stadtmarina verfügt über einen Wasserwanderrastplatz und Bootscharter.

SEHENSWERTES
Mecklenburgische Brauerei
Nicht nur Lübzer Pilsner wird gebraut. Mit lokalen Bäckereien wurde auch ein knackiges Brauhausbrot entwickelt. Den tiefen Blick in den Braukessel ermöglicht Rita Fürchow aber nur nach Voranmeldung: Eisenbeissstr. 1 • Tel. 03 87 31/ 3 62 04 • www.luebzer.de • Führungen Mo–Fr 9 und 14 Uhr • Eintritt 5 €, inkl. 2 Getränke und Geschenk

Stadtkirche

Das spätgotische Gotteshaus wurde 1568 bis 1574 errichtet. Im Inneren ruhen die Gebeine der tapfer gegen Wallenstein opponierenden Herzogin Sophie (gest. 1634) und von Tochter Anna Sophia.
Pfarrstr. 1

MUSEUM

Stadtmuseum »Amtsturm«

Eng hinauf geht es in die vier Räume des wuchtigen Ziegelgiganten. Zu Burg- und Stadthistorie kommen Ludwig Schröders Turmuhr (1856) und die Brauttradition.
Am Markt 25 • www.amt-eldenburg-luebz.de • Mai–Sept. Mo–Fr 10–12, 13–17, Sa, So 10–12, 13–16, Okt.–April Di–Fr 10–12, 13–16 Uhr • Eintritt 3 €, Kinder 1,50 €

ÜBERNACHTEN

Zur Eldenburg

Traditionsreich • Der neogotische Bau von 1894 beherbergt ein Familien- und Bett-&-Bike-Hotel mit viel Flair. Dazu ein einfaches Restaurant sowie Fitness und Wellness.
Am Markt 13 • Tel. 03 87 31/5 61 30 • www.hotel-zur-eldenburg.de • 30 Zimmer • €€–€€€

ESSEN UND TRINKEN

Alter Amtsturm

Typisch mecklenburgisch • Frisch geräucherter Fisch und tolle Steaks, im Sommer mit Biergarten.
Am Markt 23 • Tel. 03 87 31/2 03 85 • www.alter-amtsturm.de • Mai–Sept. tgl. 11–23, Okt.–April Mo–Fr 11–14, 17–23, Sa, So 11–23 Uhr • €€

EINKAUFEN

Biobutze

▸ grüner reisen, S. 18

SERVICE

AUSKUNFT

Stadtinformation

Am Markt 23 • Tel. 03 87 31/50 74 20 • www.amt-eldenburg-luebz.de • Mai–Sept. Mo–Fr 9–16, Sa, So 10–12, 13–16, Okt.–April Mo–Fr 9–12, 13–16 Uhr

Ziele in der Umgebung

◎ **Dobbertin**   ▸ S. 117, E 2
1220 Einwohner

Stein- und bronzezeitliche Funde belegen die frühe Besiedlung der prächtig sanierten Gemeinde. Die Entwicklung setzte ab 1220 mit dem Bau des Benediktinerklosters Dobbertin auf einer Halbinsel am Dobbertiner See ein.

WUSSTEN SIE, DASS …

… es im Amt Dobbertin trotz Säkularisierung bis 1682 zu 25 Hexenprozessen kam, allein 14 im Dorf selbst? Der Scharfrichter eilte aus Güstrow zum Galgen. 1594 landeten drei Dobbertinerinnen gar auf dem Scheiterhaufen.

Der schon 1238 zum Nonnenkloster gewandelte Konvent sollte die Dorfgeschichte bis ins 20. Jh. prägen, auch wegen des Hospitals von 1289. Immer wieder schlugen wehrhafte Nonnen manchen Feind in die Flucht. Während der Reformation kam es gar zu 15 Jahren Widerstand. Der »dulle Nonnen Krich« von 1562 mit der Ernennung einer evangelischen Priorin ging in die Annalen ein. Schließlich wurde das Kloster protestantischer Stift für adelige Damen – mit riesigem Grundbesitz (bis 25 122 ha)! Im seit 1696 geführ-

Das Kloster Dobbertin (▸ S. 75) auf einer Halbinsel im Dobbertiner See blickt auf eine lange und wechselvolle Geschichte zurück.

ten Dobbertiner Einschreibebuch sind insgesamt 2066 Töchter aus 160 Mecklenburger Adelsfamilien erfasst. Normalerweise wohnten 32 Jungfrauen, die Konventualinnen, gleichzeitig mit eigenen Wohnungen im Stift.

Im Dorf sind heute Prediger-, Mühlen- und Küsterhaus sowie eine Fachwerkscheune von Mitte des 18. Jh. die ältesten Gebäude. Den Klosterpark legte 1840 Hofgärtner Scheer aus Ludwigslust an. Noch 1920, als alles an den Freistaat Mecklenburg-Schwerin ging, gehörten zum Klosteramt 26 Güter und 37 Ortschaften. Nach dem Zweiten Weltkrieg verließen die Konventualinnen den Konvent, der bis 1947 Kaserne der Roten Armee wurde. Das dann eingerichtete Landespflegeheim ging 1961 in Trägerschaft der Nervenklinik Schwerin. Seit 1991, als noch 550 Kranke und Behinderte

untergebracht waren, bietet das Diakoniewerk auf dem Klosterareal Behindertenhilfe und psychosoziale Hilfe für 285 Mitbürger an. Bis 2012 wurden dank der Deutschen Stiftung Denkmalschutz 21 der 23 Gebäude saniert.

20 km nördl. von Lübz

SEHENSWERTES
Kloster Dobbertin

Die gewaltige, einschiffige gotische Klosterkirche mit Kreuzrippengewölbe und Nonnenempore entstand im 14. Jh. auf einem Feldsteinbau (1285–1300). Die Tür zwischen Nonnenempore und Dormitorium wurde während der Reformation zugemauert. Ab 1828 erweiterte Georg Adolf Demmler den Bau nach Entwürfen von Schinkel. 1837 waren die zwei Türme und das Westportal errichtet, die neogotische Innenarchitektur wurde bis 1857 fertig-

Im Wangeliner Garten (▶ S. 77) gedeihen mehr als 900 Heilkräuter, Zauberpflanzen, Färber- und Trickpflanzen.

gestellt. Die nötige Restaurierung erfolgte 1990 bis 2006. Heute verfügt das Kloster über ein schönes Café im Brauhaus, Werkstätten und den Klosterladen mit Bioprodukten aus drei Klöstern. Am Gaudenhafen legt das Ausflugsschiff »MS Condor« ab. Am Kloster • Tel. 03 87 36/8 61 00 • www.kloster-dobbertin.de • Kirche, Konvent, Kreuzgang und Laden Mai–Anfang Okt. Di–Fr 11–17.30, Sa, So 11–18, Führungen Mai–Sept. Mi, Sa 15 Uhr • Eintritt mit Führung 3 € • Kerzenzieherei Mo–Fr 7–11.30, 12–15 Uhr

ESSEN UND TRINKEN
Brauhaus-Café Kloster Dobbertin
Mit Seeblick • Kaffee, Kuchen und Eis im ehemaligen Brauhaus. Am Kloster • Tel. 03 87 36/8 61 98 • Mai–Okt. Di–Fr 11–17.30, Sa, So 11–18, Nov.–April Di–Fr 11–16.30, Sa, So 11–17 Uhr • €

◎ Goldberg   ▶ S. 117, E 3
3200 Einwohner

Schon 1248 erhielt »Goldberch« Stadtrechte, 1290 wurde die gotische Stadtkirche fertig. Eine erste Schule gab es 1331. Der Stadtbrand von 1500, der Dreißigjährige Krieg und die Pest zerstörten beinahe das Gemeinwesen. 1800 lebten nur 1000 Menschen im Ort und mussten Tausende einquartierte Soldaten ertragen. Eine eisenhaltige Quelle machte Goldberg 1817 bis 1900 zum Kurort, der als »Stahlbad« Ruhm erlangte. 1967 erhielt Goldberg eine Raketenabteilung der Nationalen Volksarmee. Große Sanierungsanstrengungen seit 1991 gingen mit der Schließung des Bundeswehrstandorts 1997 einher. Die katholische Kirche Goldberg dient für Konzerte der Mecklenburgischen Festspiele und des Plauer Musiksommers. 15 km nördl. von Lübz

MUSEUM
Naturmuseum mit Bauerngarten

In der 300 Jahre alten Fachwerkmühle sind die Herstellung von Waldglas und der Maler und Heimatforscher Heinrich Eingrieber (1896–1979) die Ausstellungsschwerpunkte. Roswitha von Pich Lipinskis gepflegter Garten ist ein magischer Ort des Friedens. Mit Touristinformation.
Müllerweg 2 • Tel. 03 87 36/4 14 16 • www.waelder-seen-mehr.de • Mo 10–14, Di, Mi, Fr 10–16, So 12–16 Uhr • Eintritt 2,50 €, Kinder 1 €

◎ Lehm- und Backsteinstraße
▶ S. 117, E 4

Wichtige Stopps an dieser Route, zu der auch Lübz und der Bärenwald gehören, sind die zur Gemeinde Buchberg (540 Einw.) zählenden Dörfer Gnevsdorf, Wangelin und Retzow mit der Filz- und Kunsthandwerkswerkstatt Ülepüle (▶ MERIAN-Tipp, S. 22).
10–15 km südöstl. von Lübz

MUSEUM
Lehmmuseum 🍴👣
▶ S. 117, E 4

Lehm als Baustoff und ein begehbares Schwalbennest sind Höhepunkte. Im Dorf grasen Mecklenburger Kaltblüter auf der Koppel.
Gnevsdorf, Steinstr. 64 a • www.lernpunktlehm.de • Mai–Sept. Di–So 10–18 Uhr • Eintritt 3 €, Kinder 1,50 €

ESSEN UND TRINKEN/EINKAUFEN
Wangeliner Garten 🍴👣
▶ S. 117, E 4

Ideales Ausflugsziel • Mecklenburgs größter Kräutergarten (15 000 qm) hat auch ein Café mit Hofladen.
Wangelin, Nachtkoppelweg • Tel. 03 87 37/49 98 78 • Mai–Sept. tgl.

10–18, April, Okt. Mo–Fr 10–16 Uhr • Eintritt 4 €, Kinder 1,30 €

◎ Nossentiner-Schwinzer Heide
▶ S. 117, E 2/3, F 2/3

Lichtdurchflutete Wälder, 60 Seen mit zahlreichen Wasservogelarten, Moore und Heideflächen charakterisieren das 365 qkm große Gebiet zwischen Plau, Goldberg, Waren und Güstrow. 300 km Rad- und Wanderwege sowie 160 km Reitwege erschließen den seit 1994 ausgewiesenen Naturpark mit 16 Schutzgebieten. Zentrale Anlaufstelle ist das Kulturzentrum Karower Meiler. Größter Schatz sind die Brutreviere von Fischadler (elf Paare), Großer Rohrdommel (12–15 Paare) und Seeadler (16 Brutpaare), der als Wappenvogel des Parks fungiert. Auch der Fischotter ist heimisch.
20 km nordöstl. von Lübz

SEHENSWERTES
Naturpark Nossentiner-Schwinzer Heide, Karower Meiler 🍴👣♿
▶ S. 117, F 3

Der Förderverein veranstaltet rund ums Jahr Führungen. Die Ausstellung im Meiler dokumentiert die Entwicklung der Natur- und Kulturlandschaft auch anhand von Funden im Zuge der Grabungen für die Nordeuropäische Erdgasleitung (NEL). Fuchsbau und Bastelhöhle, Barfußpfad und Tierweitsprunganlage sorgen für Spannung bei den Kleinen.
Karow, Ziegenhorn 1 • Tel. 03 87 38/7 02 92 • www.naturpark-nossentiner-schwinzer-heide.de, www.karowermeiler.de • April, Okt. tgl. 10–16, Mai–Sept. 10–17, Nov., Feb., März Mo–Fr 10–16 Uhr • Eintritt 2 €, Kinder 1 €, Radverleih 7 €/Tag

Der Nordosten
Neubrandenburg und Fritz Reuters Heimat Stavenhagen locken mit kulturellen Highlights, die Traumlandschaft der Mecklenburgischen Schweiz zieht Radwanderer und Angler an.

◄ Die 2,3 km lange Stadtbefestigung (▶ S. 80) umschließt die Altstadt von Neubrandenburg fast kreisförmig.

Neubrandenburg

▶ S. 119, D 8

Der Nordosten

Der Westen

Müritz und Plauer See

Der Südosten

▶ Stadtplan S. 81

65 000 Einwohner

Die drittgrößte Stadt des Bundeslandes hat sich als »Vier-Tore-Stadt« touristisch erfolgreich neu definiert. Die neue Kreisstadt ließ schwerste Brandzerstörungen am Ende des Zweiten Weltkriegs und die Sünden des sozialistischen Wiederaufbaus weitgehend hinter sich. Die Innenstadt entspricht der historischen, mit Mauer und Wällen eingefassten Altstadt, in der noch im 19. Jh. alle Bewohner Platz fanden. Erhalten sind die vier gotischen Türme der mittelalterlichen Wehranlage und 27 der einst 56 Wiekhäuser, die nun als Läden und Gaststätten dienen.

Latinisiert als »Brandenborch Nova« wurde der Ort 1248 als »Filiale« von Brandenburg/Havel gegründet. Markgraf Johann I. von Brandenburg rief den Franziskanerorden herbei, dessen Kloster die älteste Bausubstanz der Stadt birgt. 1261 umgürteten erste Palisaden die Siedlung. 1552 trat Neubrandenburg samt Klostervorsteher zum Protestantismus über. Verwüstungen folgten 1631 durch Tillys katholische Truppen, 1671 war die kriegsgeschundene Kommune bankrott. Als Residenzstadt erlebte sie im 18. Jh. einen Neuanfang.

Unter den Nationalsozialisten wurde Neubrandenburg als Militärstandort ausgebaut, mit Fliegerhorst, Panzerkasernen und einer Torpedoversuchsanstalt im Tollensesee. 1939 wurde in Fünfeichen am südlichen Stadtrand das Kriegsgefangenenlager STALAG II A errichtet, 1943 entstand ein Außenlager des KZ Ravensbrück, in dem bis zu 5000 weibliche Gefangene interniert waren. Der Einmarsch der Roten Armee im April 1945 löste ein Brandinferno aus, dem 80 % der Altstadt samt Schloss und altem Rathaus zum Opfer fielen.

SEHENSWERTES

Fritz-Reuter-Denkmal und Mudder-Schulten-Brunnen

▶ S. 81, b 1

Fritz Reuter lebte 1856 bis 1863 in »Nigen-Bramborg«, wie Neubrandenburg auf Plattdeutsch genannt wird. Das Denkmal spendeten die Bürger 1893. Gegenüber steht der 250 Zentner schwere Kalkblockbrunnen mit Mudder Schulten, die in Reuters Roman »Dörchläuchting« den klammen Herzog von Mecklenburg-Strelitz zur Zahlung von Backwaren aufforderte. Die **Fritz-Reuter-Gesellschaft** ehrt Reuter mit Events im **Neuen Tor**.

Stargarder Straße, Am Wall

Johanniskirche (Franziskaner-kloster)

▶ S. 81, b 1

In die kirchlich wie kulturell genutzte einstige Kloster- und heutige evangelisch-lutherische Kirche soll künftig ein Teil der urgeschichtlichen Sammlung des Regionalmuseums einziehen. Berühmt ist die Orgel.

2. Ringstraße • www.neubranden
burg.de/museumsmeile • Di–Sa
10–16 Uhr • Eintritt frei

Mahn- und Gedenkstätte
Fünfeichen ▸ S. 81, südl. c 3

Während des Zweiten Weltkriegs
verloren mehr als 6000 meist sowje-
tische Soldaten hier ihr Leben. Nach
1945 mutierte das Kriegsgefangenenlager zum »Speziallager Nr. 9«.
An die Toten aus dieser Zeit erinnern
59 Bronzetafeln mit 5169 Namen.
2008 wurde zu Ehren der Tausenden,
die hier unter zwei Diktaturen zu
Tode kamen, eine Glocke geweiht.
Am südlichen Stadtrand

Marienkirche (Konzertkirche)
▸ S. 81, b 3

Der 1945 schwer beschädigte,
seit 1971 restaurierte Spielort der
Neubrandenburger Philharmoniker
ist nur an veranstaltungs- und
probenfreien Tagen zu besichtigen.
Neben der Ausstellung »Wege zur
Backsteingotik« läuft die Multivisi-
onsshow »Das historische Neubrandenburg«. Phänomenal ist der Blick
über die Stadt von der Balustrade.
Gerettet wurde das monumentale
»Weltgericht« (14. Jh.) an der Kir-
chenwestwand. Auf dem Kirchplatz
steht das Denkmal für Pfarrer Franz
Boll von 1854, das Caspar David
Friedrich 1818 entwarf.
Marienkirchplatz • www.konzertkirche-
nb.de • tgl. 10–17 Uhr • Eintritt 3 €,
Kinder 1,50 €

Museumsmeile ▸ S. 81, b 3

Die engelsgleichen »Anbetenden«
begrüßen Besucher am **Neuen** und
Stargarder Tor, wo man der Geschichte der Adorantinnen auf den
Grund gehen kann. Sie bilden das

Entrée zur Museumsmeile, die auf
verschiedenen Thementouren zu
allen Sehenswürdigkeiten, Museen
und Kulturorten führt.
Kosten spart das **Museumsmeilen-
ticket**: An Station 1 werden 3 €, an
der zweiten bei Ticketvorlage 2 €, an
jeder weiteren 1 € fällig.
www.neubrandenburg.de/museums-
meile

Stadtbefestigung

Ältester Durchlass im bis zu 7 m
hohen Mauerring ist das **Friedländer Tor** (14. Jh.) mit Haupt- und
Vortor, Zoll- und Zingelwärter-
häuschen, Torcafé und Galerie im
Haupttum. Das Neue Tor (15. Jh.)
ist an der Stadtseite mit acht Adorantinnen aus Terrakotta verziert.
Am **Stargarder Tor** (14. Jh.) sind
sogar neun Betende zu entdecken.
Das **Treptower Tor** (14. Jh.) ist mit
31,8 m das höchste Stadttor. Der
wehrhafte **Fangelturm** (15. Jh.)
wurde als Ersatz für Wiekhäuser
errichtet. Durch das sogenante
»Angstloch« im Gewölbe mussten
früher Gefangene ins Verlies.

MUSEEN
Kunstsammlung Neubranden-
burg ▸ S. 81, a 3

Gezeigt werden eine Dauerschau
moderner zeitgenössischer Kunst
auf 400 qm, vorwiegend von Künst-
lern aus Mecklenburg-Vorpommern
und Berlin, sowie Sonderausstellun-
gen. Die ursprüngliche Städtische
Kunstsammlung geht auf 1890 und
die Stiftung des Malers Henry Stoll
zurück.
Große Wollweberstr. 24 • www.
kunstsammlung-neubrandenburg.
de • Di–So 10–17 Uhr • Eintritt 3 €,
Kinder 1,50 €

© MERIAN-Kartographie

Mönchenturm (Fangelturm)

▶ S. 81, b 1

Der Keller des beliebten, 26 m hohen Aussichtspunktes diente einst als Kerker. Im Turmhelm informiert ein Kurzfilm darüber. Die Turmschlüssel erhält man bei »Fraueneinfälle«, Wiekhaus 11, Tel. 03 95/3 68 88 80, oder im Treptower Tor.
2. Ringstraße • Di–So 10–16 Uhr und nach Vereinbarung • Eintritt frei

Regionalmuseum Neubrandenburg

▶ S. 81, a 2

Die 1872 begründeten Sammlungen sind im **Treptower Tor** (Ur- und Frühgeschichte bis zur Kolonisation; im 5. Stock Slawenheiligtum Rethra mit Replik eines Holzidols von der Fischerinsel/Tollensesee und ge-

fälschten »Prillwitzer Idolen«) und in der 3. Etage der **Vierrademühle** (Stadtgeschichte, Fritz Reuter, Stadtbrand 1945, Südsee-Sammlung, Pianos) untergebracht.
Treptower Str. 38 bzw. Jahnstr. 3 • www.museum-neubrandenburg.de, www.vierrademuehle.de • Di–So 10–17 Uhr • Eintritt 3 €, Kinder 1,50 €, Führung plus 2,50 €

THEATER

Schauspielhaus

▶ S. 81, b 3

Das älteste Theater Mecklenburgs (1793) zeigt seit 1994 auch wieder niederdeutsches Schauspiel und Musik.
Pfaffenstr. 22 • Tel. 03 95/5 69 98 32 • www.theater-und-orchester.de • Tickets ab 17 €

ÜBERNACHTEN

Radisson Blu Hotel ▶ S. 81, b 2

Zentrale Lage • Am Markt ist auch eine Tiefgarage, alle Zimmer haben WLAN. Mit Restaurant »Vier Tore«, Showküche, Bar und Beauty Studio. Treptower Str. 1 • Tel. 03 95/5 58 60 • www.radissonblu.de/hotel-neubran denburg • 190 Zimmer • €€–€€€

ESSEN UND TRINKEN

Fürstenkeller ▶ S. 81, b 3

Promille-Plaisir • Jörg Faustmann serviert Forellenfilets, Salate und Kindergerichte, Rotbarsch, Scholle und Zander, Eisbein und Wildschweinbraten. Fritz Reuter schaute hier gern tief ins Glas. Stargarder Str. 37 • Tel. 03 95/5 69 19 91 • www.fuerstenkeller.com • Mo–Sa 11.30–14, 17–24, So 11.30– 14 Uhr • €€

Wiekhaus 45 ▶ S. 81, c 3

Gutbürgerlich • Hier wird auf zwei Etagen Mecklenburger Küche (Ente, Rippenbraten) und zum Dessert »Armer Ritter« geboten. 4. Ringstr. 44 • Tel. 03 95/5 66 77 62 • www.wiekhaus.de/wiekhaus • tgl. 11–22 Uhr • €€

SERVICE

AUSKUNFT

Touristinfo Neubrandenburg
▶ S. 81, b 2

Stargarder Str. 17 • Tel. 03 95/ 1 94 33 • www.neubrandenburg-touristinfo.de • Mo–Fr 10–19, Sa 10–18, So 13–16 Uhr

Tollensesee-Radrundweg

Die markierte Strecke (35 km) um Lieps und den eiszeitlichen Zungenbeckensee, der seinen Namen von »Dolenzia« (Talniederung) ableitet, startet am Fähranleger Badehaus im Kulturpark (mit Hotel). Radler können ab den Anlegestellen Klein Nemerow, Nonnenhof, Gatsch Eck, Prillwitz an der Lieps und Alt Rehse Passagen auch per Schiff zurücklegen. Im Naturschutzgebiet Nonnenhof leben Eisvögel. Auf der Behmshöhe im Nemerower Holz ist der 34 m hohe Aussichtsturm ebenso zu besteigen wie die Aussichtsplattform am Gnagelsberg. Bademöglichkeiten bieten Neubrandenburgs Strände Seeblick und Augustabad sowie das Freibad, der Strand Nonnenhof und der FKK-Strand Buchort (Brodaer Holz). Fahrpläne: www.neu-sw.de/ Linienschiff

Ziele in der Umgebung

◎ **Alt Rehse** ▶ S. 119, D 8

360 Einwohner

Ältestes Dorfgebäude ist das mit plattdeutschen Sinnsprüchen ausgestattete **Gemeinschaftshaus** gegenüber dem Gutspark der Familie von Hauff. 1934 bis 1939 wurde Alt Rehse weitgehend abgerissen, und es entstand ein aus 22 (heute restaurierten und denkmalgeschützten) Fachwerkhäusern bestehendes nationalsozialistisches Musterdorf. In die Türbalken der Häuser, die jedes den Namen eines deutschen Gaues trugen, schnitzte man die Jahreszahl der Erbauung nach dem nationalsozialistischen Machtantritt.

Von 1935 bis zum Ende des Zweiten Weltkriegs war Alt Rehse, welches u.a. das Führerhauptquartier mit Lebensmitteln belieferte, Standort der »Führerschule der deutschen Ärzteschaft«, in der Mediziner in Rassenhygiene unterrichtet wurden. Ein Gedenkstein mit der Inschrift »Das Geheimnis der Erlösung heißt

Erinnerung« im Gutshaus und die Ausstellung »Alt Rehse und der gebrochene Eid des Hippokrates« erinnern an diese unselige Zeit.

Heute versucht das Projekt **Tollense Lebenspark** mit Gärtnerei-Seminaren, Ateliers und Keramikwerkstatt ökologische Lebensweise und nachhaltiges Wirtschaften zu vermitteln. Park- und Seecafé sind geöffnet, 100 Gäste übernachten günstig. Mountainbiker schätzen den Weg nach Wustrow. Am Weg zur Dampferanlegestelle propagiert eine buddhistische Gemeinschaft den vierfachen Weg zur Rettung der Erde (www.viergliederung.de).

Schlosspark 1 • Tel. 0 39 62/22 18 51 • www.tollense-lebenspark.de • Café Mai–Sept. Mo–Fr 12–16, Sa, So 11–18 Uhr • € • Führungen So 14 Uhr • Eintritt frei

13 km südl. von Neubrandenburg

◎ Ankershagen   ▶ S. 118, C 8
610 Einwohner

Seit 2010 trägt das Dorf den Titel »Schliemanngemeinde«. Im Pfarrhaus zu Ankershagen erblickte der Troja-Entdecker Heinrich Schliemann (1822–1890) das Licht der Welt. Zum Museum gewandelt, steht davor nun ein als Rutsche benutzbares **Trojanisches Pferd**. Die frühgotische Feld- und Backsteinkirche gegenüber besitzt ein Kreuzrippengewölbe und Schmuckfriese (Offene Kirche).

Wanderwege führen zur neu angelegten symbolischen Havelquelle. Exkursionen in den Müritz-Nationalpark finden ab der Nationalpark-Information im 1 km entfernten Gutshaus Friedrichsfelde statt. 500 m südlich von Friedrichsfelde befindet sich ein »Königswiege«

genanntes Hügelgrab. Der Sage nach begrub hier ein König seine Tochter in einer goldenen Wiege.

25 km südwestl. von Neubrandenburg

MUSEEN
Gutshaus Friedrichsfelde

Ein Raum im Infozentrum widmet sich dem aus Penzlin gebürtigen Homer-Übersetzer Johann Heinrich Voß (»Ilias«, »Odyssee«). Er wirkte 1769 bis 1792 in Ankershagen als Privatlehrer.

Friedrichsfelde, Am Nationalpark 10 • Tel. 03 99 21/3 50 46 • www.mueritz-nationalpark.de • Mai–Okt. tgl. 10–17 Uhr • Eintritt frei

Heinrich-Schliemann-Museum

Zu Schliemanns Biografie kommen Repliken des »Schatz des Priamos« und der Goldmaske des Agamemnon (Mykene). Gut besucht sind die Sonderschauen von Direktor Dr. Reinhard Witte.

Lindenallee 1 • www.schliemann-museum.de • April–Okt. Di–So 10–17, Nov.–März Di–Fr 10–16, Sa 13–16 Uhr • Eintritt 4 €, Kinder frei

ÜBERNACHTEN/ESSEN UND TRINKEN
Silberschälchen

Beliebt bei Radlern • Pension mit Gastterrasse an der Dorfstraße. Kulinarisch dominieren Aal und Maräne.

Lindenallee 8 • Tel. 03 99 21/32 10 • www.pension-silberschaelchen.de • 6 Zimmer • €

◎ Burg Stargard   ▶ S. 119, D 8
5000 Einwohner

Mecklenburgs einzige Höhenburg verdankt ihre Entstehung einer 126 m hohen Grundmoräne und Ostkolonisten, die diesen strategischen Vorteil erkannten und zwischen 1236 und 1270 eine Burg für Brandenburgs Markgrafen errichteten. Auf »Stary Grad« (Alte Burg) residierte 1352 bis 1471 eine Nebenlinie der Herzöge, das Haus Mecklenburg-Stargard. General Tilly errichtete hier 1631 sein Hauptquartier.

In der nach dem Stadtbrand 1758 auf der romanischen Vorgängerkirche erbauten Stadtkirche sind der Taufstein (13. Jh.) und der Kanzelaltar (1770) sehenswert. Ältestes Gebäude des Ortes mit seinen holprigen Kopfsteinpflastergassen ist das Heilig-Geist-Hospital (1290). Geschichte(n) schrieb auch der Gasthof Zum Weißen Hirsch (seit 1760).

Das Weinbaugebiet Stargarder Land (1200 Rebstöcke) gilt als Deutschlands nördlichste Lage.

8 km südl. von Neubrandenburg

SEHENSWERTES
Tierpark Burg Stargard

Säugetiere, Reptilien, Vögel und die Tierparkschule machen den Besuch zum Vergnügen.
Klüschenbergstr. 14 • Tel. 03 96 03/ 2 06 66 • www.tierpark-burg-stargard. de • Mo–Fr 10–17, Sa, So 10–18 Uhr • Eintritt 4 €, Kinder 2 €

MUSEEN
Marie-Hager-Haus

Im ehemaligen Wohn- und Atelierhaus der bekannten Landschaftsmalerin (1872–1947) werden ihre Gemälde gezeigt. Beliebt ist der 2010 eingerichtete Kunst- und Krempelmarkt. Mit Ferienmalkursen auch für Kinder.
Dewitzer Chaussee 17 • Tel. 03 96 03/ 2 11 52 • www.burg-stargard.de/ tourismus/kunst-und-kultur • Fr–So 14–17 Uhr und nach Vereinbarung • Eintritt 2 €, Kinder 1 €

Blick über den Wurz- und Krautgarten (▶ S. 85) auf den 38 m hohen Bergfried der mittelalterlichen Burg Stargard.

Museum im Marstall

Burg und Heimatstube (vom Hosen-
knopf bis zum Flugzeugpropeller)
und Turmaufstieg. Die Gewand-
schneiderei näht, verleiht und stellt
historische Gewänder aus.
Burg 1 • Tel. 03 96 03 / 2 28 52 • www.
burg-stargard.de • Mai–Okt. tgl. 10–
17, Nov.–April Di–Do 10–16, Sa, So
13–16 Uhr • Eintritt 4 €, Kinder 2 €

Wurz- und Krautgarten

Auf 16 Hochbeeten sind Heil- und
Würzkräuter, Küchenkräuter, ess-
bare Blüten, Färberpflanzen und alte
Gemüsesorten zu sehen.
Unterhalb der Burg • Mai–Okt. tgl.
10–17 Uhr • Eintritt 4 €, Kinder 2 €

ÜBERNACHTEN/ESSEN UND TRINKEN
Marienhof ♿

Herzlicher Service • Martha Opitz
und Edeltraut Hellwig bieten auch
Ayurveda, Massagen und Wildkräu-
terseminare. Die Bauernstube und
das Restaurant Kornkammer sind
auf Fisch spezialisiert. Zum Kochen
wird Granderwasser benutzt.
Carl-Stolte-Str. 22 • Tel. 03 96 03/
25 50 • www.hotel-marienhof.de •
50 Betten • €–€€

SERVICE
AUSKUNFT
Touristinformation
Am Markt 3 • Tel. 03 96 03/2 08 95 •
www.burg-stargard.de • April–Sept.
Mo–Fr 10–12, 14–17, Okt.–März
Mo–Fr 13–16 Uhr

◎ **Groß Nemerow**   ▶ S. 119, D 8
1190 Einwohner
Die 1298 gegründete Johanniter-
Komturei Nemerow gelangte 1701
an das Haus Mecklenburg-Strelitz.
In Klein Nemerow ist die Komtu-

MERIAN-Tipp   10

SCHLOSS BORNMÜHLE
▶ S. 119, D 8
Karibische Entspannung, Golf,
Radeln und Nordic Walking, dazu
die Crew des Gourmetrestaurants
Lisette um Küchenchef Thorsten
Räth, das den Prinzipien von
»ländlich fein« verpflichtet ist.
Das Haus verfügt sogar über ein
Höhentrainingszentrum.
Groß Nemerow, Bornmühle 35 •
Tel. 03 96 05/6 00 • www.born
muehle.de • 66 Zimmer • Hotel
€€€, Restaurant €€€€

reischeune erhalten. In der DDR war
Groß Nemerow ein sozialistisches
Musterdorf. Ab der Dorfkirche
lohnen Spaziergänge ins Nonnen-
bachtal. Im Ortsteil Zachow werden
Islandpferde gezüchtet.
9,5 km südl. von Neubrandenburg

Malchin   ▶ S. 118, B 7
7800 Einwohner
In der uralten Fischersiedlung,
slawisch »kleiner Ort«, tagte 1628
bis 1916, im Wechsel mit Sternberg,
der Mecklenburgische Landtag. Für
einen Boom sorgte die Gründer-
zeit mit Dampfschifffahrt und
Eisenbahn, doch erlitt Malchin
1945 schwere Kriegsschäden. Von
einstiger Größe zeugen die Stadtbefestigung, das Rathaus und die
Stadtkirche St. Johannis.

SEHENSWERTES
Stadtkirche St. Johannis
Die dreischiffige gotische Back-
steinbasilika steht auf einem romanischen Vorgängerbau, der 1397

abbrannte. Sie besitzt einen Schnitz-altar und eine Renaissancekanzel von Hans Boeckler (1571). Der Aufstieg auf den 65 m hohen Kirchturm ist lohnenswert. Offene Kirche.

Offene Kirche • Anfang–Mitte Mai, Mitte–Ende Sept. tgl. 11–15, Mitte Mai–Mitte Sept. 11–17 Uhr • Eintritt frei

MUSEUM
Museum in der Mühle

Die Stadtmühle von 1881 besitzt mit dem Nachbau des ersten **Marcus-Wagens** eine Rarität! Erfinder des für manche ältesten mit Brennstoff betriebenen Motorwagens der Welt (um 1870!) war der Malchiner Siegfried Marcus (1831–1898), der ab 1852 in Wien 131 Patente entwickelte.

Goethestr. 5 • www.museum-malchin. de • April–Sept. Di–Fr 10–12, 13–16, So 14–17, Okt.–März So 14–17 Uhr • Eintritt frei

SERVICE
AUSKUNFT
Touristinformation Malchin und Mecklenburgische Schweiz

Mit Mitwanderzentrale.
Am Markt 1 • Tel. 0 39 94/64 01 11 • www.malchin.de • www.mecklen burgische-schweiz.com • Mai–Okt. Mo–Fr 9–17, Sa 9–12, Nov.–April Mo–Fr 9–16 Uhr

Ziele in der Umgebung

◎ **Basedow** 🔺8 　▶ S. 118, B 7
740 Einwohner

Vom touristischen Zentrum des Naturparks Mecklenburgische Schweiz und Kummerower See starten Radexkursionen und Wanderungen, z. B. zum nahen Aussichtsturm über der Stauchmoräne und zum Groß-steingrab auf den Balkonweg ums Dorf. Auch Schlössertouren (19 bzw. 60 km) beginnen hier, direkt an der **Deutschen Alleenstraße**.

Als »Dorf des Flieders« seit 1247 bekannt und seit 1337 im Besitz derer von Hahn, steht Basedow heute als Gesamtkunstwerk unter Denkmalschutz. Einen Großteil des Paradebeispiels für ein reich »geschmücktes Landgut« im 19. Jh. baute Friedrich August Stüler: den Flügel des 1891 abgebrannten, 1892 bis 1895 neu aufgebauten und prachtvoll restaurierten Schlosses, den Marstall (1835), das Landhaus (1842), die Brauerei mit Pferdegöpel (1850) und die Oberförsterei (1865). Lenné gestaltete den **Schlosspark** mit Burgruine des 16. Jh.

6 km südwestl. von Malchin

SEHENSWERTES
Dorfkirche

Das Kirchhofportal des Sakralbaus mit Chor (13. Jh.) und dreijochigem Schiff (15. Jh.) schuf Stüler 1838, das Pfarrhaus 1850. Der Renaissancealtar (1592), die Sandstein-Epitaphe der Familie von Hahn und besonders die kostbare Barockorgel von 1680 sind ein Muss! Die Orgel gilt als älteste Mecklenburgs. Konzerte finden von Mai bis Nov. statt (Orgelverein Basedow; Tel. 03 99 51/23 11).

ESSEN UND TRINKEN/EINKAUFEN
Alter Schafstall

Anette Gräfin Hahn von Burgsdorff führt den Bauernmarkt mit kulinarischem Angebot und Ausstellung der Naturparkverwaltung.

Wargentiner Str. 7 • www.alter-schafstall-basedow.de • April–Okt. tgl. 10–18 Uhr und nach Vereinbarung

SERVICE
AUSKUNFT
Naturpark Mecklenburgische Schwei und Kummerower See
Wargentiner Str. 4 • Tel. 03 99 57/
2 91 20 • www.naturpark-meckden
burgische-schweiz.de • April–Okt.
tgl. 10–18 Uhr

◎ **Ivenack**   ▶ S. 118, C 7

890 Einwohner

Fritz Reuter fand, Ivenack sei »eine der Ruhe geweihte Oase, die, einer schlummernden Najade gleich, sich auf grünender Au und blumiger Wiese gelagert hat und ihr vom Laube tausendjähriger Eichen umkränztes Haupt in dem flüssigen Silber des Sees spiegelt«. Ivenack entstand 1252 durch die Stiftung eines Zisterzienserklosters, das dem Dreißigjährigen Krieg zum Opfer fiel und im 18. Jh. durch das Schloss ersetzt wurde. Dies wurde berühmt für die Vollblut-Pferdezucht der Grafen Plessen. Legendär wurde der Zuchthengst Herodot (1794–1829). Napoleon ließ sein Versteck ausgerechnet in einer der Ivenacker Eichen, der sogenannten Herodot-Eiche, ausfindig machen und ritt den Apfelschimmel bis Moskau. Beim Wiener Kongress 1815 wurde das halb erblindete Pferd Verhandlungsthema und erhielt dann hier wieder sein Gnadenbrot.

15 km östl. von Malchin

SEHENSWERTES
Tiergarten Ivenacker Eichen

▶ S. 118, C 7

Deutschlands älteste Eichen überlebten, weil sie im mittelalterlichen Hütewald standen. Denn: »Unter Eichen wachsen die besten Schinken.« Das Alter der Giganten ist mythenumrankt. Fritz Reuter ahnte es: »So is dat all dusend Johr wäst«.

Das Wellness- und Sportangebot im Vier-Sterne-Hotel Schloss Bornmühle (▶ MERIAN-Tipp, S. 85) lässt keine Wünsche offen.

Im Schaugatter des Forstamts grunzen Turopolje-Schweine aus Ex-Jugoslawien. Die Ausstellung im restaurierten Barockpavillon thematisiert die Eiche. 80 Stück Damwild sind bei Fütterungen zu bestaunen! Gielow, An den Tannen 1 • Tel. 03 99 57/29 80 • www.ivenacker-eichen. de • Tiergarten ganzjährig, Pavillon April–Okt. Mo–Fr 9–18, Sa, So 10– 18 Uhr • Eintritt 3 €, Kinder frei

◎ Reuterstadt Stavenhagen
► S. 118, C 7

5820 Einwohner

Seit 1949 führt die Geburtsstadt des großen Plattdeutsch-Dichters (1810–1874) den Doppelnamen. Das Geburtshaus des Bürgermeistersohns, das Rathaus von 1788, ist heute ein Literaturmuseum mit Bibliothek (13 000 Bände). Das Schloss mit Parkanlage entstand 1740 auf älteren Burgruinen. Im Gewölbe erzählt eine Ausstellung von der »Franzosenzeit in Mecklenburg«. Nach der Wende erfuhr die Kleinstadt einen enormen Boom. Die Kommune gilt seit 2005 als schuldenfrei.

12 km südöstl. von Malchin

SEHENSWERTES
Reuterdenkmal

Die marmorne Ehrbezeugung schuf Prof. Wilhelm Wandschneider 1911. Scherenschnittartige Metallplatten zeigen links und rechts Szenen aus Reuters Werken wie »Dörchläuchting« oder »Ut mine Stromtid«. Marktplatz

MUSEUM
Fritz-Reuter-Literaturmuseum 🔶9

Das 2001 sanierte Haus besitzt ein Filmkabinett und zahlreiche Tondokumente, dazu fünf Stationen eigens für Kinder. Neu sind szenische Führungen. Haus 2 präsentiert eine ständige Ausstellung des Malers Ernst Lübbert. Am Markt 1 • www.fritz-reuter-literaturmuseum.de • Mo–Fr 9–17, Sa, So 10–17 Uhr • Eintritt 4 €, Kinder 1 €

SERVICE
AUSKUNFT
Stadtinformation

Markt 1 • Tel. 03 99 54/27 98 35 • www.stavenhagen.de • Mo–Fr 9–17, Sa, So 10–17 Uhr

Teterow
► S. 118, A 6

8850 Einwohner

Vom Sitz des Amtes Mecklenburgische Schweiz werden 15 Gemeinden im und um den Naturpark verwaltet. Teterow, altpolabischer »Ort des Birkhuhns«, war im 6. Jh. v. Chr. germanisch besiedelt. Im 6. Jh. n. Chr. regieren hier die slawischen Zirzipanen. Im 9. Jh. wurde auf der Insel im Teterower See eine Burgwallanlage mit Heiligtum des Kriegsgottes Svantevit errichtet. 1171 eroberten Dänen die Insel, was zum Entstehen der bis heute populären **Hechtsage** führte. Neusiedler gründeten am See im 12. Jh. ein Bauerndorf (Budorp), nebenan entstand ab 1230 die neue Stadt.

Die Ringstraße um den sanierten Stadtkern mit gotischem Rostocker und Malchiner Tor (14. Jh.) folgt der alten Stadtmauer und Wallgräben. Im Dreißigjährigen Krieg schrumpfte die Bürgerschaft von 1800 auf 300 Bewohner. Nach Feuersbrunst (1700) und Cholera (1850) erlebte Teterow in der Industrialisierung einen starken Wirtschaftsaufschwung und wurde als Zentrum des Motorradsports bekannt.

In Stavenhagen dreht sich alles um den Dichter Fritz Reuter, der hier auf einem Denkmal vor dem Literaturmuseum (▶ S. 88) thront.

(▶ S. 88)

SEHENSWERTES

Burgwallinsel

Im Sommer 2010 wurde die Insel von der UNESCO zum »schützenswerten Kulturgut der Menschheit« erklärt. Früher gelangte man über eine Holzbrücke hinüber, heute pendelt die Burgwall-Seilfähre.
Ostern–Okt. tgl. ab 10 Uhr • Fähre 1 €, Kinder 0,50 €

Heidberge

Von der Plattform des 21 m hohen Denkmals zu Ehren der Opfer des Ersten Weltkriegs, 10 Gehminuten nördlich des Zentrums, wandert der Blick weit über die wunderbare Landschaft um Teterow.

Marktplatz

Das neobarocke **Rathaus** ersetzte 1910 den Vorgängerbau von 1708. Seit 1914 ziert den Platz der **Hechtbrunnen** von Prof. Wilhelm Wandschneider, dem »Michelangelo Mecklenburgs«. Eine Bodenplatte markiert den geografischen Mittelpunkt des Bundeslandes.

Stadtkirche St. Peter und Paul

Das gotische Langhaus der Stadtkirche wurde 1270 fertig, der Altarraum und die Sakristei sind noch spätromanisch. Die herrlichen Deckenfresken im Chor datieren von 1350. Bemerkenswert sind das Triumphkreuz (16. Jh.) und das 1990 vom Ortsschmied aus einem Panzerwagen erschaffene Wende-Denkmal »Schwerter zu Pflugscharen«.
Schulstr. 2 • Kontakt: Evangelisch-Lutherische Kirchgemeinde • Tel. 0 39 96/18 28 21

MUSEUM

Stadtmuseum Malchiner Tor

Im 19. Jh. besaß das Stadttor vier Gefängniszellen. Seit 1990 sind hier und im Museumshof (Ratsdienerhaus) Exponate zur Stadt-, Ur- und Frühgeschichte untergrbracht. 2013 öffnet das Museum mit neuem Konzept, großen Schaufenstern und zwei Museumsstuben.

Südliche Ringstr. 1 • www.teterow.de • Di–Fr 10–12, 13–17, So 14–17 Uhr • Eintritt 2 €, Kinder 1 €

ÜBERNACHTEN
Landhotel Schloss Teschow

Landlust erleben • Vor Teterows Toren heißt es »Leben–Blühen–Wachsen« im 120 ha großen Park inmitten der reizvollen Mecklenburgischen Schweiz. Angesagt sind Erholung in den 18 Apartments der Kavaliershäuser »von Blücher« und »von Moltke«, Golf, Ausritte ab dem Reiterhof Silberberg, Genuss- und Krimi-Dinners im Restaurant Conrad und Deftiges in der Gutsschänke von Blücher.

Teschow, Gutshofallee 1 • Tel. 0 39 96/14 00 • www.schloss-teschow.arcona.de • 93 Zimmer • €–€€

ESSEN UND TRINKEN
Stadtmühle

Historisches Ambiente • Der Fachwerkbau mit Walmdach entstand 1800 nach dem Stadtbrand von 1793. Heute ist hier eine Gaststätte untergebracht.

Mühlenstr. 1 • Tel. 0 39 96/15 23 00 • www.stadtmuehle-teterow.de • April–Sept. tgl. 11–22, Okt.–März Mo–Fr 11–14, 17.30–22, Sa, So 11–22 Uhr • €–€€

SERVICE
Bergring-Arena

Grasbahn-Motorradrennen vor großer Kulisse und um das seit 2007 vergebene Grüne Band (davor: Goldener Helm) finden seit über 80 Jahren zu Pfingsten statt. Die Holzschnitzfigur des Publikumslieblings Hans Winkler mit Startnummer 75 weist den Weg. Programm und Tickets gibt es beim Veranstalter MC Bergring Teterow.

Appelhäger Chaussee 1/Am Bergring • Tel. 0 39 96/17 29 35 • www.bergring-teterow.de • Arena 15 €, Kinder 13 €, Bergringrennen (2 Tage) 26 €, Kinder 22 €

Ziel in der Umgebung

◎ **Burg Schlitz (Hohen Demzin)** 🔟   ▸ S. 118, A 7
430 Einwohner

Im Herzen der Mecklenburgischen Schweiz erbaute Hans von Labes (1763–1831), durch Adoption Graf von Schlitz, ab 1806 diesen klassizistischen Prachtbau. Einmalig ist der riesige Schlosspark mit zahlreichen Kunstobjekten, spannend der Kunstpfad nach Görzhausen. Hohen Demzins Dorfkirche besitzt einen Feldsteinturm von 1857.

8 km südl. von Teterow

ÜBERNACHTEN/ESSEN UND TRINKEN
Schlosshotel Burg Schlitz 🔟

Sonne im Herzen • Nach Besitzerwechsel wurde das Relais & Château Deutschlands Hotel des Jahres 2012! In stilvoll-elegantem Ambiente werden im »Wappensaal« und der Brasserie »Louise« kulinarische Köstlichkeiten serviert. Die Köchin Sabine Teubler berät für Privatdiners im Schinkelsaal, im Roten oder im Grünen Salon. Für Gesundheit und Wohlbefinden sorgt Ellen Michels als »Seelenmentorin«.

Burg Schlitz 2 • Tel. 0 39 96/1 27 00 • www.burg-schlitz.de • 19 Zimmer • €€€–€€€€

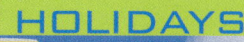

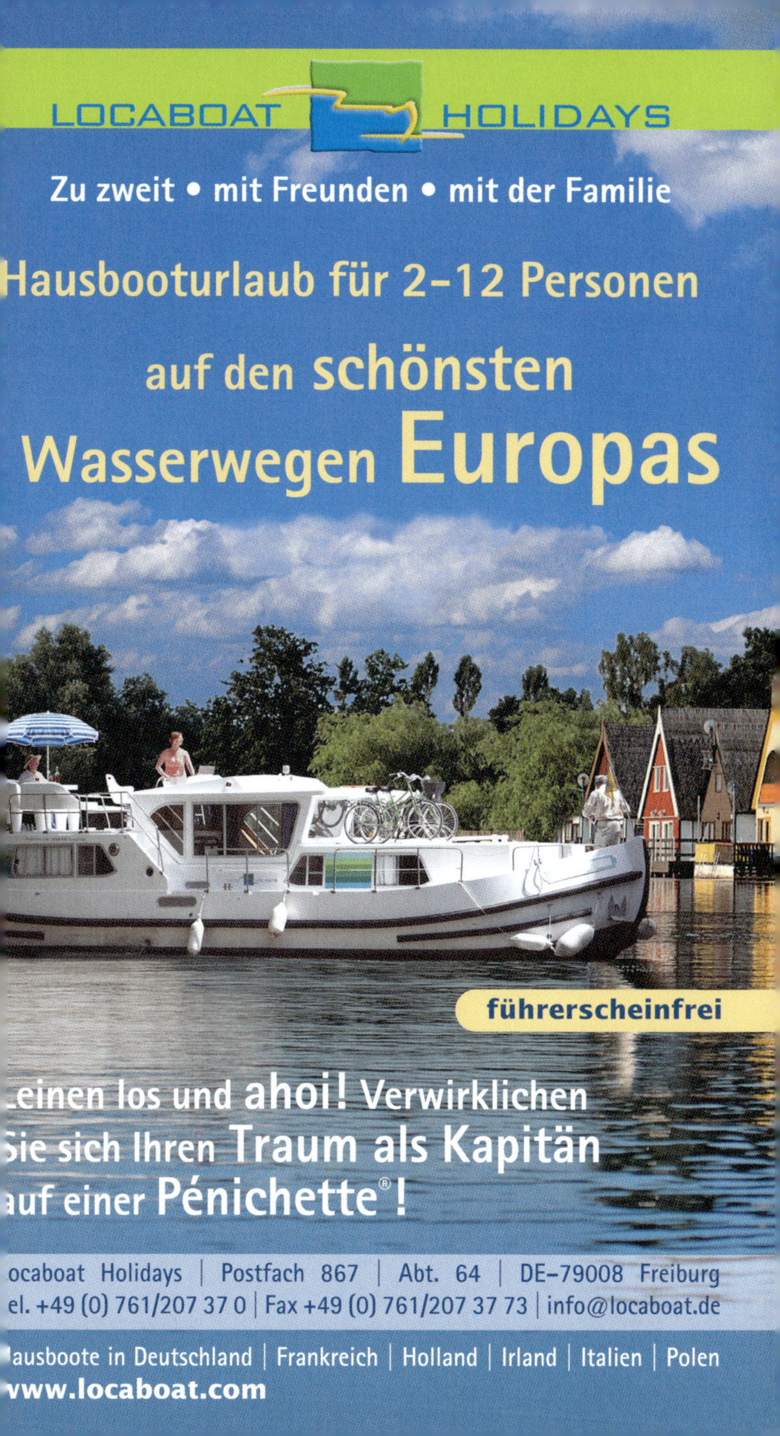
LOCABOAT HOLIDAYS
Zu zweit • mit Freunden • mit der Familie
Hausbooturlaub für 2-12 Personen
auf den schönsten
Wasserwegen Europas
führerscheinfrei
einen los und ahoi! Verwirklichen
ie sich Ihren Traum als Kapitän
uf einer Pénichette®!
ocaboat Holidays | Postfach 867 | Abt. 64 | DE-79008 Freiburg
el. +49 (0) 761/207 37 0 | Fax +49 (0) 761/207 37 73 | info@locaboat.de
ausboote in Deutschland | Frankreich | Holland | Irland | Italien | Polen
www.locaboat.com

Der Luzinsee im Naturpark Feldberger
Seenlandschaft (▶ S. 60) bietet einmalige Naturerlebnisse und zahlreiche
kulinarische Entdeckungen.

Touren und
Ausflüge

Entdeckungstouren in der Mecklenburgischen Seenplatte, vorbei an Seen und Schlössern, durch dichte
Wälder und zu Besuch bei Kunsthandwerkern.

Auf der Gartenroute durch die Mecklenburgische Seenplatte

CHARAKTERISTIK: Individuell per Pkw, Motorrad oder Rad ANFAHRT: A 24, B 122 und Landstraße bis Rheinsberg DAUER: 2 Tage LÄNGE: 196 km SCHWIERIGKEITSGRAD: leicht EINKEHRTIPPS: Garten Eden, Schlosshotel Klink, Klink, Schlossstr. 6, Tel. 0 39 91/74 72 64, www.schlosshotel-klink.de, tgl. 12–14.30, 18–22 Uhr €€€–€€€€; Kaisers Bootshaus, Neustrelitz, Useriner Str. 1, Tel. 0 39 81/23 98 60, www.kaisers-bootshaus.de, Mo–Fr 11–14, 18–open end, Sa 17 Uhr–open end €€ AUSKUNFT: Gartenakademie Mecklenburg-Vorpommern, Marihn, Hofstr. 3, Tel. 0 39 62/25 70 59, www.gartenroute-mecklenburg-vorpommern.de

KARTE ▶ S. 120, C 10–S. 121, E 10

Die Gartenroute entstand 2008 durch engagierte Gutsbesitzer und die Gastronomie-Initiative »ländlich fein«. Sie verbindet kulinarischen Genuss mit Gärten und Parks im schlösserreichsten Bundesland, den Erhalt gewachsener Kulturlandschaft und die Maxime von »Slow Food«.

Rheinsberg ▶ Waren

Der **Schlosspark Rheinsberg** am Grienericksee, das Lieblingsdomizil Friedrichs des Großen, wartet mit Heckentheater, Festspielen, Kammeroper, Schlossbesichtigung und dem **Kurt-Tucholsky-Literaturmuseum** auf. Die B 122 ist Teil der **Deutschen Alleenstraße**, der man bis Abzweig Klink/Waren folgt. Der prächtige Baumkronentunnel öffnet sich am Dorfmuseum Zechlinerhütte, Geburtsort des Polarforschers und Geowissenschaftlers Alfred Wegener. Blickfänge im Park von **Schloss Drosedow** sind Kaskade, Springbrunnen und die Bronzeskulptur Ilka. Auf der B 198 geht es zur Liebesinsel im Schlossgarten **Mirow** 5 . In Vipperow zweigt die Landstraße zum Genießertreff Gutshaus Ludorf an der Müritz ab.

Über Röbel und Sietow führt ein Abstecher zu Schloss Blücher im **Land Fleesensee**. Im einstigen Park des Feldmarschalls bilden Solitärbäume Sichtachsen zum Horizont. Vor Waren bereitet Guido Gabriel im **Schlosshotel Klink** raffinierte Küche nach Geheimrezepten. Mit 15 000 qm Fläche und vier Gewächshäusern wartet der **Schaugarten am Tiefwarensee** auf. Das olfaktorische Spektakel reizt mit Lorbeer, Orange, Feige, Hibiskus, Kakteen und Sukkulenten. Orangerie-Konzerte schmeicheln dem Ohr.

Waren ▶ Feldberger Seenlandschaft

Via B 192 bis Groß Plasten und B 194 geht es zur von der Peene umflossenen Liebesinsel im Landschaftspark **Schloss Kittendorf**. Zurück bis Varchentin und dann über Land taucht die **Büdnerei Lehsten** auf. Die Feldsteinpflaster-Allee über Groß Flotow endet vor Myriaden von Rosen im **Garten von Marihn** (▶ MERIAN-Tipp, S. 21).

Seeterrasse und Nackenmassage laden in Kaisers Bootshaus am Schlossgarten Neustrelitz. Feldbergs Freilichtmuseum Wiesenpark (Strelitzer Str. 42) und der Kurpark sind kostenfrei. Östlich schwören Kenner auf Deutschlands nördlichstes Weingut, **Schloss Rattey** (mit Restaurant Weinblatt).

Nordvariante

Ab Waren führt die B 108 bis Moltzow zum **Pfarrhof Rambow**, am Abzweig Klocksin zum dendrologischen Naturpark **Schloss Blücherhof**. Über **Burg Schlitz** und Teterow geht es auf der B 104 Richtung Güstrow zu den Baumriesen des **Herrenhauses Vogelsang** (nur zu Events). Kulinarisch verwöhnen lässt man sich im **Gut Gremmelin** und im **Schloss Teschow**.

INFORMATIONEN

Alfred-Wegener-Museum

Zechlinerhütte • Rheinsberger Str. 14 • Tel. 03 39 21/7 02 17 • www.alfred-wegener-museum.de • April–Sept. tgl. 10–16, Okt.–März Mi–So 10–16 Uhr • Eintritt 1,50 €, Kinder 0,50 €

Dendrologischer Naturpark Schloss Blücherhof

Klocksin, Parkstr. 6 • www.herberge-bluecherhof.de • Mitte Juli–Mitte Okt. tgl. 9–18 Uhr • Eintritt 2 €

Parkhotel Schloss Rattey

Rattey, Rattey 21 • www.schloss rattey.de • 28 Betten • €€€–€€€€

Schaugarten am Tiefwarensee

Waren, Wossidlostr. 7 a • www.schaugarten-am-tiefwarensee.de • April–Okt. tgl. 10–17 Uhr • Eintritt 3 €, Kinder frei

Schloss Rheinsberg, Tucholsky-Literaturmuseum

Rheinsberg, Mühlenstr. 1 • Tel. • www.rheinsberg.de • April–Okt. Di–So 10–18, Nov.–März Di–So 10–12.30, 13–17 Uhr • Eintritt April–Okt. 6 €, Kinder 5 €, Nov.–März 4 €, Kinder 3 €

Friedrich der Große bezeichnete seine Jahre auf Schloss Rheinsberg (▶ S. 94) als »die glücklichsten seines Lebens«.

Kunstpfad und Schlössertour (Waren/Müritz–Teterow)

CHARAKTERISTIK: Motorisiert oder per Rad auf Seitenwegen der B 108
ANFAHRT: Pkw, Bus oder Bahn bis Waren **DAUER:** Tagestour **LÄNGE:** 40 km
SCHWIERIGKEITSGRAD: mittel **EINKEHRTIPPS:** Marens Café-Schmiede,
Basedow, Alte Schmiede, Tel. 03 99 57/2 98 56, April–Okt. tgl., Advent Sa, So
11–18 Uhr €; Conrath, Wassermühle Ziddorf, Ziddorf, Mühlenstr. 10, Tel. 03 99 33/
7 02 21, www.wassermuehle-ziddorf.de Mai–Sept. tgl. 11.30–20, Okt.–April
Fr–Mi 11.30–20 Uhr €–€€; Louise, Schlosshotel Burg Schlitz, Hohen Demzin, Tel.
0 39 96/1 27 00, www.burg-schlitz.de, Mo, Di 7.30–11, 12–22, Mi–Fr 7.30–11,
12–17, Sa, So 8.30–11, 12–17 Uhr €€–€€€; **AUSKUNFT:** Galerie am Kamp,
Teterow, Kamp 5, Tel. 0 39 96/17 26 57, www.galerie-teterow.de/
kunstpfad/kunstpfad.pdf, Di–Fr 10–17, Sa 10–16 Uhr
KARTE ▶ S. 118, B 8–A 6

Alleen und verschlungene Wege verbinden 20 Kunstperlen mit der grandiosen Schlösserarchitektur der Mecklenburgischen Schweiz. Lokale Künstler zeigen ihre Ateliers und Werke. Informationen holt man sich vorab beim Kunstverein Teterow in der Galerie am Kamp.

Waren ▶ Ziddorf

Rakubrand und Kacheltöpferei zeigt Warens Keramiker Franz-Ulrich Poppe auch im Garten seines blauen Müritzhauses. Das Enfant terrible Friedemann Henschel präsentiert mit viel Humor Gefäßplastiken im **Gutshaus Panschenhagen**. Brunch und Reitausflüge laden zum Verweilen im Hotel Alter Landsitz in Sommerstorf. Ein Waldweg führt zur Bildhauerin Anke Besser-Güth und zum Maler und Grafiker Siegfried Besser in den Kunsthof Grüner Stern in Marxhagen. Das Restaurant Am Burggraben ist ideal zur Rast in **Schloss Ulrichshusen**, das Hausführungen und Exkursionen zur Kirche Domherrenhagen organisiert. Die Feldsteinkirche **Rambow** (16. Jh.) bewahrt Kanzel und Altar-

bilder der Passion Christi. Brigitte Härtfelders und Eckart Hübeners Pfarrhof pflegt mit Diele, Bauernmöbeln und Türbemalung ein feines Ambiente. Meisterliche Filz- und Webkurse veranstaltet Susanne Döbler in **Dahmen**. Der Kunstschmied Wolfgang Döbler lässt den Amboss in **Rothenmoor** klingen. Ein Kunstsammelsurium vereint Maren Splitt in ihrem Café in **Basedow** 🔶, Christel Müller zeigt Schloss und Lennépark. Gespräche bei Tee oder Rotwein und Kurse (Naturbeobachtung, Speckstein, Findling) haben die Malerin Sabine Naumann und der Bildhauer Günter Kaden in Wendischhagen im Programm. Die Keramikerin Elke Steckhan bittet zu Wochenendworkshops ins Refugium **Carlshof**. Schloss Schorssow oder die Kunst in der fledermausfreundlichen **Mühle Ziddorf** rufen zur verdienten Pause.

Görzhausen ▶ Teterow

In **Neu-Ziddorf** (10 Einw.) arrangiert der Holzbildhauer und Grafiker Jim Schütz Kaffee und Kuchen und greift mit Sommerschülern zum Zei-

Jedes Stück ein Unikat: Wolfgang Döbler in Rothenmoor (▶ S. 96) schmiedet Gitter, Zäune, Tore und Beschläge und restauriert Kunstgegenstände.

chenstift. Der Maler und Bildhauer Wilfried Duwentester erregt im Atelier **Görzhausen** mit Bodypainting Aufsehen und unterstützt den **Skulpturenweg** zur Burg Schlitz. Am Wegesrand, »wo sich die Kuh an Kunst reibt« (Ostsee-Zeitung), stehen Duwentesters »6 Stelen« und »Goldader«, »Donquichote« (Jörg-Werner Schmidt), »Kuhschwellen« (Esther Dittmer) oder Bernd Überalls »Nest« und »Spiegelei«. Madame Teublers Currywurst vom Havelländer Apfelschwein (8,50 €) stärkt für die 36 Denkmäler im Park, die Karolinenkapelle und Walter Schotts berühmten Nymphenbrunnen (1903) an der Burg Schlitz. Gruppenführungen (60 €/Std.) organisiert Frau Hippauf.

In **Teterow** öffnet Maler und Grafiker Jörg Parschau sein Atelier. Den Abschluss bildet das Café im Galeriehof am Kamp (Wechselausstellungen). Über der Galerie liegt eine schöne Ferienwohnung.

INFORMATIONEN

Alter Pfarrhof Rambow

Rambow, Kirchstr. 11 • Tel. 03 99 53/70 249 • www.pfarrhof-rambow.de • 20 Betten • €/€€

Feldsteinkirche Rambow

Rambow, Kirchstraße • Tel. 03 99 53/79 00 • 1. So nach Pfingsten–Sept. So 11–15 Uhr und nach Vereinbarung • Eintritt frei

Hotel Alter Landsitz

Grabowhöfe-Sommerstorf • Zum Reiterhof 2–4 • Tel. 03 99 26/840 • www.hotelambiente.com • 76 Betten €€

A. Besser-Güth, S. Besser

Marxhagen, Zum Grünen Stern 1 • Tel. 03 99 33/7 10 62 • nach Vereinbarung

S. Döbler

Dahmen, Seestr. 32 • Tel. 0 39 33/
7 19 75 • nach Vereinbarung

W. Döbler

Rothenmoor, Schmiede 1 • Tel. 03 99
53/7 01 64 • nach Vereinbarung

W. Duwentester (Skulpturenweg)

Hohen Demzin, Görzhausen 3 • Tel.
0 39 96/18 29 10 • www.duwentester.
com, www.skulpturenweg-ev.de •
nach Vereinbarung • Gemeinschafts-
bild 100 €, Bodypainting 200 €

F. Henschel

Panschenhagen, Von-Hahn-Allee 8 •
Tel. 03 99 26/32 75 • www.henschel-
keramik.de • nach Vereinbarung

S. Naumann, G. Kaden

Wendischhagen, An der Hufe 8 •
Tel. 0 39 94/63 38 40 • www.guenter
kaden.de • nach Vereinbarung • Kurse
25 € (2 Std.), 60 € (Tag)

C. Müller Gästeführung

Basedow, Schlossstr. 47 • Tel. 03 99
57/2 01 50 • www.gaestefuehrerin-
mueller.de • Mai–Mitte Okt. Mo–Sa
10.45, 12.30, 14.15, 16, So 11,
12.30 Uhr ab Schlosstor • Ticket 5 €,
Kinder frei

J. Parschau

Teterow, Östl. Ringstr. 87 • Tel. 0 39
96/15 21 17 • nach Vereinbarung

F. Poppe

Waren, Gerhart-Hauptmann-Allee 5 •
Tel. 0 39 91/12 54 80 • www.poppe-
keramik.de • nach Vereinbarung

J. Schütz

Neu Ziddorf, Am Teich 6 • Tel. 03 99
33/7 05 54 • nach Vereinbarung

E. Steckhan

Carlshof, Stammbachwerg 5 • Tel.
0 39 96/17 35 17 • www.steckhan-
keramik.de • tgl. 10–18 Uhr

Radweg Berlin–Kopenhagen (Fürstenberg/Havel–Güstrow)

CHARAKTERISTIK: Per Fahrrad oder E-Bike auf gut ausgebauten Straßen
ANFAHRT: Pkw oder Bahn bis Fürstenberg/Havel, Neustrelitz oder Waren
DAUER: Mehrtagestour **LÄNGE:** 183 km **SCHWIERIGKEITSGRAD:** mittel
EINKEHRTIPPS: Naturesort Drewitzer See, Am Drewitzer See 1, Nossentiner
Hütte, Tel. 03 99 27/76 70, www.drewitzersee.vandervalk.de, tgl. 12–21 Uhr,
€€€; Das Gewölbe (Gutshotel), Groß Breesen (Zehna), Tel. 03 84 58/5 00, www.
gutshotel.de, tgl. 12–22 Uhr, €–€€ **AUSKUNFT:** www.bike-berlin-
copenhagen.com
KARTE ▶ S. 121, D 11–S. 117, E 1

Auf 630 km verbindet die ADFC-
Qualitätsroute (3 Sterne) als Teil
der Euro-Velo-Route 7 (Nordkap–
Malta) und der D-Route 11 (Al-
pen–Ostsee) Berlins Brandenburger

Tor mit Rostock, Gedser und der
kleinen Meerjungfrau (Route N 9).
Wegzeichen ist ein Piktogramm mit
blauem Rad, roter Speiche und »N«
für Nord. Der meist asphaltierte

Radler legen an der Orangerie in Neustrelitz eine Pause ein. Neustrelitz ist Kreuzungspunkt des Radwegs Berlin–Kopenhagen (▶ S. 98) und des Seen-Radwegs.

Seenplattenabschnitt besitzt ein dichtes Netz an **Pedelec-Ladestationen**: Energie tankt man in Wesenberg, Userin, Neustrelitz, Zwenzow, Dalmsdorf, Karkow-Schwarzenhof, Waren, Nossentiner Hütte, Linstow, Serrahn, Krakow, Groß Breesen und Güstrow.

Fürstenberg ▶ Waren
Ideale Startorte sind **Dannenwalde** mit Brandenburgs erster Fahrradkirche oder der Bahnhof **Fürstenberg/ Havel**, wo man sich am Markt mit Café, Bett & Bike und der Radwerkstatt Intress auf die Tour einstimmen kann. Der Fisch-Kanu-Pass ermöglicht Rad/Kajak-Touren zur Müritz. Bis **Wesenberg** locken Abstecher an Fontanes Stechlinsee und in die Kleinseenplatte (Canow, Drosedow). In **Neustrelitz** kreuzt der Seen-Radweg 5 (Waren–Neubrandenburg). Über **Kratzeburg** geht es nach Waren ins **Hotel Radlon**, wo es

wirklich alles gibt, was das Radlerherz begehrt.

Waren ▶ Nossentiner Heide ▶ Güstrow
Für die Nossentiner Heide ist Regenschutz angesagt. Fritz Reuters Paradiesblick gibt es von der Aussichtsplattform bei **Neu-Dobbin**, Aussichtsturm und Badefreuden an Krakows Jörnberg. Muße verspricht das **Gutshotel Groß Breesen** (Bett & Bike), Deutschlands erstes Bücherhotel (300 000 Bände, mit Büchertausch).

INFORMATIONEN

Fahrrad- & Designhotel Radlon
Waren, Kietzstr. 13 a • Tel. 0 39 91/ 1 80 50 00 • www.radlon.de • 44 Betten (4 barrierefrei) • €€–€€€

Gutshotel Groß Breesen
Groß Breesen • Tel. 03 84 58/5 00 • www.gutshotel.de • 60 Betten • €€–€€€

Ausflug in den Müritz-Nationalpark (Federow–Speck–Käflingsbergturm)

CHARAKTERISTIK: Schnupperausflug und Appetitmacher auf mehr am »Kleinen Meer« **ANFAHRT:** Pkw bis Federow, Bus 26 (Nationalparkticket) ab Waren (Mai–Okt.) bis Federow oder weiter (Bolter Kanal/Boek); kostenlose Radmitnahme **DAUER:** 6 Std. **LÄNGE:** 9,5 km (ein Weg) **SCHWIERIGKEITSGRAD:** leicht **EINKEHRTIPPS:** Altes Gutshaus, Federow, Am Park 1, Tel. 0 39 91/67 49 80, www.gutshaus-federow.de, Mitte März–Okt. und Adventswochenenden tgl. 11–21 Uhr €€; Müritzhof, Waren, Müritzhof 2, Tel. 0 39 91/61 15 40, www.lebenshilfe-werk-waren.de, April tgl. 10–16.30, Mai–Aug. 10–18, Sept. 10–17, Okt. 10–16 Uhr €–€€; Kranichrast, Schwarzenhof, Schwarzenhof 15, Tel. 0 39 91/6 72 60, www.nationalparkhotel-kranichrast.de, tgl. 11–21 Uhr €€ **AUSKUNFT:** Nationalpark-Service Federow, Damerower Str. 6, Tel. 0 39 91/66 88 49, www.nationalpark-service.de, Mai–Okt. tgl. 10–17 Uhr

KARTE ▸ S. 120, B 9

Top-Angebote und Parkplätze auch für Campingmobile (5 €/Nacht) machen das barrierefreie Infozentrum **Federow** östlich von Waren zum beliebtesten im Park. Attraktiv sind neben dem Radverleih und Laden (Rad- und Wanderkarten, Plüschtiere) die Livekamera vom Horst eines Fischadlerpaares im TV-Raum. Der Naturfotograf Holger Tange bietet Foto-Workshops an (www.tange-photo.de). Auch in Schwarzenhof und Boek kostenlos zu leihen sind GPS-Guides (fünf Wander-, eine Radtour), die in Form eines Quiz interessantes Wissen vermitteln.

Im nahen, 1954 als DDR-Naturbildungsstätte eröffneten **Müritzhof** (45 Min. per Rad, mit Gaststätte) hegen seit 1993 behinderte Mitbürger auf historischen Huteweiden Fjällrinder, Gotlandschafe und Shetlandponys. Herr Heinzel organisiert Kutschfahrten und Führungen.

Federow ▸ Speck

Zwar sind die Straßen für Pkw bis Speck frei, dort gibt es aber keine Parkplätze. Der separate Radwanderweg zur Linken durch Wald-, Moor- und Seenland sorgt dafür, dass sich Auto- und Radfahrer nicht in die Quere kommen. Im Nu ist man an der **Hörspielkirche Federow** (MERIAN-Tipp, S. 51). Pfarrer Rother bittet sonntags auch zu Konzert und Gottesdienst. Gleich nebenan kann man sich im Alten Gutshaus stärken. 4 km weiter am Ortseingang des zu Kargow (751 Einw.) gehörenden **Schwarzenhofs** (30 Min.) hebt das Café »Raste mal aus« (Schwarzenhof 10 a) Radler humorvoll aus dem Sattel. Die Ausstellung der Parkinformation zeigt die Geschichte des Müritz-Ostufers und Willi Stophs DDR-Staatsjagd. Treff ist das Nationalparkhotel **Kranichrast** am Ortsausgang.

20 Gehminuten führen ins idyllische Nationalparkdörfchen **Speck** (40 Einw.) mit seinem alten Baumbestand. Wahrzeichen an Hofsee und Specker See ist die 800 Jahre alte Sommerlinde. Speis, Trank und Ortsführungen locken in die Alte Schmiede. Blickfang ist die renovierte neogotische Gutskapelle (1877)

am maroden Specker Jagdschloss. 1937 vom Leipziger Verleger und Göring-Vertrauten Kurt Hermann erbaut, diente es nach 1945 als Sowjetkommandantur, Schulungs- und Ferienheim. Ein Investor will nun gehobene Gastronomie ansiedeln. Der Naturschutzbund Mecklenburg-Vorpommern zeichnete das **Fischerhaus** von Ines und Andreas Weber als schwalbenfreundlich aus. Auch als Urlauber kann man es sich in den beiden Ferienwohnungen gut gehen lassen.

Speck ▶ Käflingsberg

Vorbei an Huteeiche, Beobachtungsplattform Specker Horst und Moorsteg zum Priesterbäker See sind es 2,5 km (30 Min.) bis zum im Jahr 2000 eröffneten **Käflingsbergturm**. Das 55 m hohe Stahlskelett auf dem Käflingsberg ist Mobilfunkmast und Feuerwache. 167 Stufen führen zur Aussichtsfläche in 31 m Höhe

(Mai–Okt., Eintritt frei, Spende willkommen). Gen Osten wandert der Blick bis zum Havelquellgebiet und Neustrelitz, im Westen dank des installierten Feldstechers bis Waren und Röbel.

Radler fahren weiter bis **Boek** mit seiner kleinen Backsteinkirche und können dort Bus oder Schiff nehmen. Retour führt auch der Radrundkurs Speck–Boek–Schwarzenhof (3 Std., 21 km).

INFORMATIONEN

Nationalpark-Information

Kargow-Schwarzenhof, Schwarzenhof 15 • Tel. 0 39 91/67 00 91 • Mai–Okt. tgl. 10–17 Uhr • Eintritt frei

Fischerhaus Speck

Speck, Dorfstr. 22 • Tel. 0 39 91/63 57 77 • www.nationalpark herberge.de • 14 Betten • €

Vom Käflingsbergturm (▶ S. 101) hat man eine fantastische Aussicht über den Müritz-Nationalpark bis hinüber zum Quellgebiet der Havel.

Die Müritz (▶ S. 46) ist das größte Gewässer der Seenplatte und gleichzeitig der größte See, der vollständig innerhalb Deutschlands liegt.

Wissenswertes über die
Mecklenburgische Seenplatte

Nützliche Informationen für einen gelungenen Aufent-
halt: Fakten über Land, Leute und Geschichte sowie
Reisepraktisches von A bis Z.

Auf einen Blick

Mehr erfahren über die Mecklenburgische Seenplatte – Informationen über Land und Leute, von Verwaltung und Geografie über Sprache bis Wirtschaft.

EINWOHNER: 270 835
FLÄCHE: 5496 qkm
GRÖSSTE STADT: Neubrandenburg (64 995 Einw.)
GRÖSSTER SEE: Müritz (112,6 qkm)
INTERNET: www.mecklenburgische-seenplatte.de
RELIGION: überwiegend konfessionslos

Verwaltung und Geografie

Mit der Landtagswahl 2011 führte die Kreisreform zum größten deutschen Landkreis Mecklenburgische Seenplatte. Er ist doppelt so groß wie das Saarland. Kreisstadt ist Neubrandenburg. Zur Tourismusregion gehören 80 % des Landkreises.

Plau am See, Karow, Goldberg und Lübz liegen im Kreis Ludwigslust-Parchim. Güstrow ist Sitz des Kreises Rostock-Land, zu dem auch die Ämter Güstrow-Land, Teterow/Mecklenburgische Schweiz und Krakow am See zählen.

Natur und Umwelt

Die Seenplatte besitzt den größten Anteil an Schutzgebieten in Deutschland. Zum Müritz-Nationalpark (6 % der Fläche), vier Naturparks (17 %) und 59 Naturschutzzonen (3,5 %) gesellen sich weitere 34 % Schutzgebiete (21 Landschafts- und 15 EU-Vogelschutzgebiete). 1000 km Alleen im Bereich der Seenplatte besitzen mindestens ein-

◄ Angeln (► S. 27) und Urlaub auf dem Floß sorgen für Entspannung.

seitigen Baumbestand. 133 535 ha der Fläche entfallen auf Wälder, 51 906 ha sind von Wasser bedeckt (mit den größten Seen Müritz, Tollensesee, Plauer, Kummerower, Malchiner und Krakower See).

Geologie

Das vor 25 000 Jahren eiszeitlich geprägte Mecklenburg-Vorpommern ist geologische Modellregion. Der **Geopark Mecklenburgische Eiszeitlandschaft** (4880 qkm) präsentiert die markanten Stauch- und Endmoränen, Zungenbecken, Sölle, Oser (bahndammartige Höhenzüge) und Toteisseen (www.eiszeit-geopark.de). 2011 als »nationaler Geopark« aufgelöst, bleiben doch attraktive Ziele: so der große Stein am Klosterberg Altentreptow, mit 133 m³ Deutschlands zweitgrößter Findling, die Pommersche Hauptendmoräne 20 km südlich Malchin, der 30 km lange Oszug bei Stavenhagen oder die Eem-Eiszeit-Grabung nahe Neubrandenburg. Warens Müritzeum dokumentiert die Geologie im Museumsgarten.

Die markierte **Eiszeitroute Mecklenburgische Seenplatte** (www.eiszeitroute.com) führt zu Strudelstein und Windkanter in den Findlingsgärten Buteberg (Zierker See) und Wesenberg oder in den Naturerlebnispark Mühlenhagen (Tollensetal). Sie gliedert sich in den Außenring (418 km) mit neun Etappen (u.a. Röbel–Malchow–Malchin), fünf Rundtouren (128–241 km) und lokale Wanderwege. Im Aufbau ist das Eiszeit-Museum Wittenhagen (Feldberg).

Religion

17 % der Bevölkerung bekennen sich zur evangelisch-lutherischen Landeskirche (Bischofssitz Schwerin, Kirchenkreise Güstrow, Stargard). Die katholische Kirche (3,3 %) ist mit den Bistümern Hamburg und Berlin (Dekanate Güstrow, Neubrandenburg) vertreten.

Sprache

Die in verschiedensten Dialekten erhaltene niederdeutsche Sprache wird geschützt und gepflegt. Größter Plattdeutsch-Schatz ist das Mecklenburgische Wörterbuch des Warener Lehrers Richard Wossidlo (1859–1939) und des Rostocker Germanisten Hermann Teuchert (1880–1972). Tanz, Gesang und Theater pflegen die Niederdeutschen Bühnen in Schönberg und Neubrandenburg. Fritz Reuter und John Brinkman sind die wichtigsten Literaten.

Wirtschaft

Im Landkreis gibt es ca. 12 000 Betriebe, davon 250 mit über 50 Beschäftigten. Große Arbeitgeber sind die Backwarenmanufaktur De Mökelbörger, der Pumpenbauer Spheros und der Lüftungsbauer Webasto, alle in Neubrandenburg. Weltmarktführer im Bereich große Schiffspropeller ist die Mecklenburger Metallguss (MMG) in Waren, wo 2006 der größten Propeller der Welt (130 t) gefertigt wurde. 5000 Betriebe sind im Lebensmittel- und Veterinärbereich tätig. Die Biogastechnologie boomt: Zu 44 existierenden Anlagen kommen in Kürze weitere 39. Im Tourismus versorgen 2017 Restaurants und Gaststätten sowie 438 Beherbergungsbetriebe jährlich 3,5 Mio. Gäste.

Geschichte

ab 8000 v. Chr.

Nach der letzten Weichseleiszeit leben Sammler und Fischer an den Seen (Funde östlich der Müritz).

ab 4000 v. Chr.

Menschen der Jungsteinzeit errichten Großsteingräber (Megalithkultur).

1800 v. Chr.–600 n. Chr.

Bronzezeitburgen werden bei Basedow und Kratzeburg gebaut. Ab 600 v. Chr. siedeln sich Germanen an und bauen Heiligtümer (z. B. Boitiner Steintanz). Während der Völkerwanderung verlassen sie (z. B. die »Langbärte«, Langobarden) das Land.

Um 150 n. Chr.

Claudius Ptolemäus erwähnt Gnoien, Bützow und Waren (Virinum, »Krähenort«).

7. Jh.

Slawen ziehen zu: Morizaner (Kleines Meer, Müritz), Warnower (Elde), Abroditen (West-Mecklenburg), Heveller (Havelgebiet) und Wilzen/Liutizen (Ost-Mecklenburg, Nordbrandenburg) errichten Burgwälle. Den Liutizenbund bilden Zirzipanen (Teterower, Krakower See), Redarier (Neustrelitz, Feldberg), Tollenser (Burg Stargard) und Kessiner (Burg Werle bei Güstrow). Das Zentralheiligtum des Bundes bildete das sagenhafte, 1069 zerstörte Rethra (Riedegost).

983

Der große Slawenaufstand beendet die erste Ostkolonisation.

1160

Heinrich der Löwe besiegt den Slawenfürsten Niklot. Schwerin wird Bischofssitz. Die seit 995 bekannte Mikelenburg (Dorf Mecklenburg bei Wismar) avanciert zur Namensgeberin des Landes.

1167

Pribislaw, getaufter Sohn Niklots, wird mit Mecklenburg belehnt. Pribislaws Sohn Heinrich Borwin I. heiratet Mathilde, Tochter Heinrichs des Löwen. Dieses Adelsgeschlecht regiert bis 1918.

1226/1235

Erste Landesteilung Mecklenburgs in vier Fürstentümer. 1248 wird Neubrandenburg gegründet.

13./14. Jh.

Westfalen und Niedersachsen gründen Kolonistendörfer und Burgen. Der Hanse- und Salzhandel sorgen für Aufschwung. Erbstreitereien mit Brandenburgs Askaniern führen zu Grenzverschiebungen (Wesenberg, Burg Stargard).

1348

Kaiser Karl IV. erhebt Mecklenburgs Fürsten Albrecht II. und Johann zu Herzögen.

1549

Einführung der Reformation (Sternberger Landtag).

1621

Schaffung der Herzogtümer Mecklenburg-Schwerin und Mecklenburg-Güstrow (Güstrower Reversalen).

bis 1648

Mecklenburg wird »nichts als Land und Luft«: Den Dreißigjährigen Krieg überlebt nur jeder Sechste. 1628 erhält Wallenstein Mecklenburg als kaiserliches Lehen und residiert in Güstrow. 1630 wird Plau schwedisch, Neubrandenburg erlebt ein Blutbad. 1638 bricht die Pest aus. Im Westfälischen Frieden geht die Komturei Mirow an Mecklenburg-Schwerin, die Komturei Nemerow an Mecklenburg-Strelitz.

1654

Aus freien Bauern werden Erbuntertanen. Die Leibeigenschaft beginnt.

1701

Hamburger Vergleich: Nach Aussterben der Linie Mecklenburg-Güstrow (1695) regieren die Herzöge von Mecklenburg-Schwerin und Mecklenburg-Strelitz.

1726

Ende der Hexenverfolgungen (2000 Opfer) und letzter Hexenprozess auf Burg Stargard.

1733

Gründung von Neustrelitz.

1810

Königin Luise von Preußen stirbt auf Schloss Hohenzieritz.

19. Jh.

Der Wiener Kongress 1815 macht die Herzöge zu Großherzögen. 1820 wird die Leibeigenschaft aufgehoben, doch auch die Obhutspflicht entfällt. Armut und Arbeitslosigkeit lösen eine Auswanderungswelle aus. Der »Knakenpurrer« (in Knochen Herumstochernde) Georg Christian Friedrich Lisch aus Alt Strelitz (1801–1883) systematisiert erstmals Mecklenburgs Altertümer.

1918

Ende der Ständeverfassung von 1755. Mit dem Tod von Großherzog Adolf Friedrich VI. erlischt das Haus Mecklenburg-Strelitz.

1934

Vereinigung der Freistaaten Mecklenburg-Schwerin und Mecklenburg-Strelitz zu Mecklenburg.

1952

Die DDR gliedert Mecklenburg in die Bezirke Rostock, Schwerin und Neubrandenburg. Bodenreform und Neuverteilung des Landes.

1990

Das neue Bundesland Mecklenburg-Vorpommern entsteht. Der Müritz-Nationalpark wird gegründet.

1995

Mecklenburg-Vorpommern feiert 1000-jähriges Bestehen.

2006

Die Mecklenburger Metallguss (Waren) baut den größten Schiffspropeller der Welt (»Die Dicke«).

2011

Das Teilgebiet Serrahn des Müritz-Nationalparks wird zum UNESCO-Weltnaturerbe aufgewertet. Der neue Landkreis Mecklenburgische Seenplatte wird geschaffen.

2012

Wichtigste Wirtschaftszweige der Region sind die Landwirtschaft und der Tourismus.

Reisepraktisches von A–Z

ANREISE

AUF DEM WASSERWEG

Die Mecklenburgische Seenplatte ist perfekt ans Bundeswasserstraßennetz angeschlossen. Von Süden gelangen Bootseigner über die Obere Havel-Wasserstraße, von Norden über Elbe und Müritz–Elde–Wasserstraße bequem ans Ziel.

MIT DEM AUTO

Von Berlin und Hamburg führt die A 24 (E 26) an die Reiseregion heran. Von Süden verläuft die A 19 ab Dreieck Wittstock zentral durch die Seenplatte bis zum Kreuz Rostock, wo sie auf den Anschluss zur Ostsee-Autobahn A 20 (E 22) Lübeck–Stralsund trifft. Eine wichtige Verbindung in die östliche Seenplatte ist die B 96 (Berlin–Stralsund–Rügen). Die B 103 verbindet Pritzwalk, Plau am See und Güstrow mit Rostock. Ab der BAB-Abfahrt Neustadt/Glewe (A 24) führt die B 191 über Lübz und Plau direkt zum Ziel. Nach Osten schließt sich die B 198 über Neustrelitz bis Pasewalk an. Die B 192 führt über Goldberg, Malchow und Waren bis Neubrandenburg. Ab Schwerin durchquert die B 104 den Norden von Güstrow bis Neubrandenburg.

MIT DEM FLUGZEUG

Der Flughafen Rostock-Laage (www.rostock-airport.de) ist nonstop mit den Airports Frankfurt/Main, München, Stuttgart und Köln/Bonn sowie Zürich (Schweiz) verbunden. Es bestehen zahlreiche One-Stop-Verbindungen ins Ausland. Shuttles sind ab/bis Rostock (Bus L 127) und in die Seenplatte eingerichtet (Linstow–Malchow–Land Fleesensee–Klink–Waren/Müritz–Plau am See). Buchungen übernimmt der Tourismusverband Mecklenburg-Vorpommern (Tel. 03 82 03/8 61 11, www.auf-nach-mv.de/flug/transfer info-mecklenburgische-seenplatte.html, Ticket 17 €, bis Rechlin 22 €, Kinder (bis 6 Jahre) frei.

Nationale und internationale Verbindungen stellen die Flughäfen Berlin, Hamburg und Lübeck her. Privatflieger mit Kleinmaschinen nutzen die Flughäfen Neubrandenburg-Trollenhagen, Rechlin-Lärz und Waren/Müritz-Vielitz.

MIT DEM RAD

Die Seenplatte erreichen Radler auf den Fernradwegen Berlin–Kopenhagen, Hamburg–Rügen (Abschnitt Bützow–Güstrow–Teterow–Malchin–Demmin), Lüneburg–Usedom (Mecklenburgischer Seenradweg) oder dem Havel-Radweg (Abschnitt Gnevsdorf–Ankershagen). Auch die Königin-Luise-Route (Berlin–Gransee–Fürstenberg–Neustrelitz–Hohenzieritz bzw. Gransee–Rheinsberg–Mirow–Neustrelitz) führt ins Gebiet.

MIT DER BAHN

Die Deutsche Bahn unterhält ICE-Verbindungen von Hamburg und Berlin. Tägliche Haltestellen sind Neustrelitz und Waren/Müritz. Der Regionalexpress RE 5 verbindet Berlin mit Neustrelitz, Neubrandenburg und Stralsund. Die RE 1 fährt von Hamburg bis Hagenow Land/Ludwigslust. Dort erschließt die RE 3 über Parchim, Lübz, Karow, Malchow, Waren und Neustrelitz bis Neubrandenburg die Seenplatte. Ab Lübeck fährt die RE 6 über Bad Kleinen nach Güstrow, Teterow und Reuterstadt Stavenhagen nach Neubrandenburg. Fahrplan/Streckennetz: www.bahn.de/p/view/buchung/karten/streckennetz.shtml. InterConnex (Veolia Verkehr) befährt täglich die Strecke Leipzig–Berlin–Neustrelitz–Waren–Güstrow–Rostock–Warnemünde. Mit der Ostseeland Verkehr ist Veolia auf den Strecken Bützow–Neubrandenburg, Stralsund–Neubrandenburg–Neustrelitz und Rostock–Laage–Güstrow aktiv. Fahrplan: www.ostseeland verkehr.de.

Die ODEG (Ostdeutsche Eisenbahn GmbH) befährt die RE 3 Hagenow–Ludwigslust–Parchim–Waren/Müritz–Neustrelitz und RE 6 Neustrelitz–Mirow in der südlichen Seenplatte. Ab 2013 bedient sie die Strecke R 2 Berlin–Wittenberge–Ludwigslust–Schwerin–Wismar mit Umsteigemöglichkeit zur R 3 in Hagenow/Ludwigslust. Fahrplan: www.odeg.info.

AUSKUNFT

Tourismusverband Mecklenburgische Seenplatte ▸ S. 120, A 10
17207 Röbel/Müritz, Turmplatz 2 • Tel. 03 99 31/53 80 • www.mecklen burgische-seenplatte.de

Tourismusverband Mecklenburg-Vorpommern
18059 Rostock, Platz der Freundschaft 1 • Tel. 03 81/4 03 05 50 • www.auf-nach-mv.de

BUCHTIPPS

Brigitte Reimann: Franziska Linkerhand (Aufbau, 2000), **Ankunft im Alltag** (Aufbau, 2010), **Das Mädchen auf der Lotosblume** (Aufbau, 2005) Die Lehrerin aus Burg bei Magdeburg (1933–1973) galt als eine Hauptexponentin des Bitterfelder Wegs und der sogenannten Ankunftsliteratur. Die Feministin arbeitete lange im Kombinat Schwarze Pumpe (Hoyerswerda). Auch nach dem Untergang der DDR wurden ihr posthum zahlreiche Auszeichnungen zuteil. Neubrandenburg, wo sie zuletzt lebte, ehrt sie mit dem Literaturhaus.

Daniel Schönpflug: Luise von Preußen. Königin der Herzen (C.H. Beck, 2010) Detailreiche, kritische Biografie über die populäre, früh verstorbene »Preußen-Königin der Herzen« aus dem Haus Mecklenburg-Strelitz.

Hans Fallada: Jeder stirbt für sich allein (Aufbau, 2012), **Kleiner Mann – was nun?, Wer einmal aus dem Blechnapf frißt, Wolf unter Wölfen** (alle Aufbau, 2011) Die Romane und Erzählungen des in Greifswald geborenen Rudolf Ditzen (1893–1947), der sich Hans Fallada nannte und lange zurückgezogen in Carwitz (Feldberger Seenlandschaft) wohnte, erleben aktuell auch international eine fulminante Renaissance.

Fritz Reuter: Abendteuer des Entspekter Bräsig (Hinstorff, 1999; Kindle, 2011), **Ut mine Stromtid** (Adamand, 2001), **Dörchläuchting** (Tredition, 2011), **De Urgeschicht von Meckelnborg** (Kindle 2011) Die Plattdütsch-Klassiker von Fritz Reuter, eigentlich Heinrich Ludwig Christian Friedrich Reuter, aus Stavenhagen (1810–1874) entfalten bis heute Sprachfertigkeit und Witz. Besonders beliebt sind daher auch vertonte Lesungen und Bühnenaufführungen.

DIPLOMATISCHE VERTRETUNGEN
Österreichische Botschaft

Stauffenbergstr. 1, 10785 Berlin • Tel. 0 30/20 28 70 • www.oester reichische-botschaft.de

Schweizerische Botschaft

Otto-von-Bismarck-Allee 4 a, 10557 Berlin • Tel. 0 30/3 90 40 00 • www. eda.admin.ch/berlin.html

FAHRGASTSCHIFFFAHRT

Ob nach Tagesfahrplan auf Müritz, Plauer See oder Kleinseenplatte, auf Ausflugsfahrten etwa mit dem Salonschiff »Stadt Waren« oder auf einer 5-, 7- oder 16-Seentour ab Waren, Malchow oder Mirow bis Neustrelitz: Fahrten auf den Gewässern der Seenplatte sind entspannend und zeigen die Natur von ihrer schönsten Seite. Als Kombi-Angebote sind sie für Tourenradler und Wanderer eine ideale Option: Fahrräder nehmen die meisten Reedereien an Bord. Auskunft/Fahrplan: www.fahrgastschifffahrt-mecklenburgische-seenplatte.de.
Weiße Flotte und Blau-Weiße Flotte bieten neben dem Tagesgeschäft, der Linienschifffahrt, z.B. die Königinnen-Tour ab Waren und Klink bis Mirow (Schlossinsel), Piratentouren oder die 5-Seenfahrt zum AGRONEUM Alt Schwerin und nach Malchow an.
Mit dem Bärenwald-Müritz-Ticket geht es gar zu Meister Petz am Plauer See. Sehr beliebt sind Feuerwerksfahrten, Fahrten ins Seerosenparadies des Nationalparks oder das Sonnentor-Theater auf der MS »Esperanza«.
Käpt'n Paff navigiert ab Waren und Mirow auch zu den Kranichen der Halbinsel Großer Schwerin.

Blau-Weiße Flotte Warener–Malchower–Mirower Schifffahrt

▸ S. 47, b 2

Waren, Strandstr. 3 • Tel. 0 39 91/66 30 34 • www.schiffahrt-mueritz.de • Mai–Mitte Okt. tgl. 9.30/10–18 Uhr, auch Abendfahrten • Ableger: Waren, Stadthafen (Restaurant Pier 13); Malchow, Kirchenstr. 6 (neben Hofgarten Rosendomizil); Mirow, Rotdornstraße (Stadthafen)

Fahrgastschifffahrt Dobbertin

▸ S. 117, E 2

Auf den Dobbertiner See lädt die MS »Condor« ab »Gauden Hafen« (Kloster Dobbertin) zur Fahrt in eines der schönsten Vogelschutzgebiete Europas.
Below, Am Teichentiner Damm 3 b • Tel. 03 87 36/7 99 96 • www.ms-condor.de • Mai–Sept. Di–So 11, 13, 15, 17, April, Okt., Nov. Sa, So 13, 15 Uhr • Ticket 7,50 €, Kinder 4 €

Neubrandenburger Verkehrsbetriebe/Linienschiff »Rehtra«

▸ S. 121, D 9

Ab Neubrandenburg locken Rundfahrten auf Tollensesee und Lieps. Die »Rehtra« bietet Rundfahrten (2 Std. 20 Min.) ab Badehaus mit Zustiegsmöglichkeit.
Neubrandenburg, Warliner Str. 6 • Tel. 03 95/3 50 05 24 • www.neu-sw.de/Linienschiff • Mai–Juni, Sept. 11, 14, Juli, Aug. 11, 14, 17.15 Uhr • Ticket 5 €, Kinder 3 €, Rad 2 €; Kleine Fahrt 9 €, Kinder 6 €

Reederei Lüdemann/Fahrgastschiff »Mudder Schulten«

▸ S. 121, D 9

Die »Mudder Schulten« hat kleine, mittlere und große Touren im Angebot (1,5–2,5 Std.).

Neubrandenburg, Friedländer Str. 7 • Tel. 03 95/5 84 12 18 • www.fahrgast schiff-mudderschulten.de • Mai– Sept. tgl. 10–17.30 Uhr • Ticket 12/14 €, Kinder 6/7 €

Weiße Flotte Müritz   ▸ S. 47, a 1

Waren, Kietzstr. 17–21 • Tel. 0 39 91/ 12 26 68 • www.mueritzschiffahrt.de • tgl. 9–23 Uhr • Große Müritz-Rund- fahrt ab 15 €, Kinder 7,50 €, Rad 3 €

FEIERTAGE

1. Januar Neujahr
Karfreitag
Ostermontag
1. Mai (Tag der Arbeit)
Christi Himmelfahrt
Pfingstmontag
3. Oktober Tag der Deutschen Einheit
31. Oktober Reformationstag
25./26. Dezember Weihnachten

INTERNET

www.genussreich-mv.de
Meck-Pomm kulinarisch: Restau- rants, Hofläden, Gerichte, Rezepte und vieles mehr.
www.mv-tourist.tv
Meck-Pomm visuell und zum Träu- men: prämiert mit dem Deutschen Tourismuspreis 2011.
www.müritz-nationalpark.de
Natur, Urlaub, Service und Um- weltbildung auf der Website des Nationalparks.
www.naturpark-feldberger- seenlandschaft.de
Durchs Land der Orchideen und Seen, Fischotter und Adler.
www.naturpark-mecklen burgische-schweiz.de
Landschaft, Flora, Fauna und Natur- schutz, dazu jede Menge Tipps und Angebote.

www.naturpark-nossentiner- schwinzer-heide.de
Wälder und Seen, Klöster und Guts- häuser.

MEDIZINISCHE VERSORGUNG
KRANKENVERSICHERUNG

Österreichern und Schweizern ge- nügt die Europäische Versiche- rungskarte (EHIC). Auslandskran- kenversicherungen sollten den Krankenrücktransport mit bein- halten.

KRANKENHAUS

Gut ausgestattete Krankenhäuser und Kliniken mit Notaufnahme befinden sich in Feldberg, Waren, Neustrelitz und Neubrandenburg (mit Außenstellen in Altentreptow und Malchin). In Neubrandenburg gibt es auch eine Kinderklinik.

Dietrich-Bonhoeffer-Klinikum – Klinik für Kinder- und Jugend- medizin   ▸ S. 121, D 9

Neubrandenburg, Allendestr. 30 • Tel. 03 95/77 50 • www.dbknb.de

DRK-Krankenhaus Mecklenburg- Strelitz   ▸ S. 120, C 10

Neustrelitz, Penzliner Str. 56 • Tel. 03 9 81/26 80 • www.drkmst.de

Müritz-Klinikum   ▸ S. 120, B 9

Waren, Weinbergstr. 19 • Tel. 0 39 91/ 7 70 • www.mueritz-klinikum.de

APOTHEKEN

Apotheken haben in der Regel Mo– Fr 8–18.30, Sa 8–12 Uhr geöffnet. In jedem Bezirk ist mindestens eine Apotheke Mo–Fr bis 22, Sa 18– 22 Uhr geöffnet. Schnellfinder für Notdienste: http://lakmv.notdienst- portal.de

NATIONALPARKTICKET MÜRITZ

Nur mit diesem fantastischen Ticket gelangt man per Bus (Mai–Okt.) in den Müritz-Nationalpark. Ideal ist die Ergänzung mit der Linienschifffahrt.

Der pvm-Bus fährt Mai–Okt. auf der Müritzlinie von Waren über Federow, Speck und Zartwitzer Kreuzung bis Bolter Kanal/Boek und Rechlin Hafendorf. Juli/Aug. ist zudem jeweils Di und Do die Fischadlerlinie zwischen Mirow, Boek und Kratzeburg eingerichtet. Der Radtransport ist kostenfrei.

Der dat-Bus pendelt am Müritz-Westufer zwischen Rechlin (Museum), Röbel und Waren. Zudem können die Schiffslinien Rechlin-Hafendorf–Bolter Kanal–Waren bzw. Röbel sowie Röbel–Klink–Waren genutzt werden.

Fahrkarten (1-, 3- und 7-Tagetickets) im Bus, beim Nationalpark-Service, in Tourismus-Informationen, bei der Weißen Flotte oder bei Personenverkehr GmbH Müritz (Tel. 0 39 91/64 50, www.nationalparkticket.de).

NOTRUF

Euro-Notruf Tel. 112
Polizei Tel. 110

NEBENKOSTEN

1 Tasse Kaffee	1,80 €
1 Bier	2,80 €
1 Cola	2,30 €
1 Brot (ca. 1 kg)	3,00 €
1 Schachtel Zigaretten	5,00 €
1 Liter Benzin	1,75 €
Mietwagen/Tag	ab 50,00 €

POST

Briefmarken erhält man in Filialen und bei Dienstleistern der Deutschen Post. Ein Standardbrief (bis 20 g) oder eine Postkarte ins Ausland kosten 0,75 €.

REISEDOKUMENTE

EU-Bürgern reicht ein Personalausweis, Schweizer benötigen Ausweis oder Reisepass.

Kinder müssen seit Juli 2012 europaweit mit einem gültigen Reisedokument ausgestattet sein.

REISEWETTER

Das Wetter im Bundesland wird ebenso durch milde westliche atlantische Strömungen wie östliche, oft strengere kontinentale Einflüsse bestimmt. Warme bis heiße Sommer wechseln mit feuchten, auch kalten

Mittelwerte	JAN	FEB	MÄR	APR	MAI	JUN	JUL	AUG	SEP	OKT	NOV	DEZ
Tages-temperatur	2	3	6	10	16	19	21	21	18	13	8	4
Nacht-temperatur	-2	-1	1	4	8	12	14	14	11	7	3	1
Sonnen-stunden	1	2	4	6	8	8	8	7	5	3	2	1
Regentage pro Monat	10	8	10	9	8	9	10	9	9	9	11	11
Wasser-temperatur	4	3	4	7	11	15	19	20	18	13	8	6

Wintern. Die Urlaubssaison beginnt zu Ostern und endet im Oktober. Über 700 Sonnenscheinstunden garantieren sichere Badefreuden (Juni–Aug.). Sogar der September lohnt: 2012 erreichten die Wassertemperaturen der Müritz mühelos 20 °C. Wanderer und Radler finden April–Juni sowie Sept./Okt. ideale Bedingungen. Tagesaktuelle Voraussagen erhält man bei der Wetterwarte Güstrow (www.mv-wetter.info).

TAUSEND-SEEN-CARD

Die Servicecard für die Mecklenburgische Seenplatte ist für 2 Erwachsene und bis zu 3 Kinder nutzbar und im Kalenderjahr bis zum März des Folgejahres gültig. Sie bietet Ermäßigung in Museen, Ausstellungen und Freizeitparks, vergünstigte Fahrscheine auf Schiffen, Übernachtungs- und Restaurant-Offerten, Ausflugstipps und Rad- und Bootsmietangebote. Bestellung: Tel. 0 39 91/63 46 91 • www.mueritz.de/1000seencard-5-1-2-157.html • 5 €

TELEFON

VORWAHLEN

A, CH ▸ D 00 49
D ▸ A 00 43
D ▸ CH 00 41

TIERE

Haustiere (Hunde, Katzen) benötigen einen EU-Haustierpass mit Nachweis der Tollwutimpfung. Seit 2011 ist ein Chip-Implantat vorgeschrieben.

VERKEHR

BAHN UND BUS

Reisende sparen Kosten mit dem Mecklenburg-Vorpommern-Ticket der Deutschen Bahn. Es gilt für 1–5 Personen Mo–Fr jeweils 9–3 Uhr des Folgetages, Sa, So schon ab 0 Uhr in allen Naheverkehrszügen des Bundeslandes. Tagesticket: 22 € (2013), jeder weitere Fahrgast 3 €, Kinder/Enkel unter 15 Jahre frei. Information: www.bahn.de/regional/view/regionen/meckpomm/freizeit/meckpomm_ticket.shtml

Gut ausgebaut ist der öffentliche Nahverkehr (Busse) der Unternehmen der Verkehrsgemeinschaft Müritz-Oderhaff, besonders in den Städten (www.vmo-service.de). Es existiert ein Einheitstarif. Tageskarten heißen Reise-Komfort-Tickets und gelten auch in der Deutschen Bahn und der OLA (www.reisekomfortticket.de).

Abends sollte man im Zweifel auf Taxis zurückgreifen.

SCHIFFE UND BOOTE

Ideal und sehr beliebt ist die Erkundung der Seenplatte per Boot. Zahlreiche Marinas mit guter Infrastruktur sind eingerichtet. Neben Segelbooten und führerscheinpflichtigen Motorbooten ist die Anmietung eines Haus- oder Tretbootes ein besonderes Vergnügen – oft für die ganze Familie.

Hausboote dürfen führerscheinfrei auch von Freizeitkapitänen gelenkt werden. Es reicht ein Charterschein für Boote bis 15 m Länge und einer Geschwindigkeit von max. 12 km/h. Selbstverständlich sind die Verkehrsregeln auf den Wasserwegen und die Promillegrenze zu beachten.

Mit eigener Kraft können Paddler die Seenplatte durchstreifen. Zahlreiche Kanustationen bieten Hilfe und Übernachtung auch für Tagesgäste an. 50 spektakuläre Touren

für Kanu, Segel- und Motorboot in Europas größtem Wassersportrevier sind in der Broschüre »Das blaue Paradies« (www.das-blaue-paradies. de) nachzulesen.
Boote vermieten u. a.:

Kuhnle-Tours ▸ S. 120, B 10
Rechlin, Hafendorf Müritz • Tel. 03 98 23/26 60 • www.kuhnle-tours.de • Hausboot Typ »Budget« 480–1570 €/Woche

Woterfitz ▸ S. 120, B 10
Rechlin, Ahornstr. 18 • Tel. 03 98 23/2 5 30 (Hausboot) 2 14 43 (Tretboot »Lütt Hütt«) • www.hausboot-charter-mueritz.de • Hausboot ab 750 €/Woche, Tretboot 299 €/Woche

Yachtcharter Schröder
▸ S. 117, F 3
Plau am See, Hermann-Niemann-Str. 5 • Tel. 03 87 35/4 96 29 • www.yachtcharter-schroeder.de • Boot »Pelikan« 660–1260 €/Woche

ZEITUNGEN

Zu den überregionalen Tageszeitungen gesellen sich in der östlichen Mecklenburgischen Seenplatte der »Nordkurier« (Sitz: Neubrandenburg) mit Lokalredaktionen u. a. in Malchin, Teterow, Waren, Neustrelitz und Altentreptow. Den Westen mit dem Landkreis Ludwigslust-Parchim dominiert die »Schweriner Volkszeitung« (SVZ) mit Lokalredaktionen u. a. in Güstrow und Lübz. Stark präsent ist auch die in Rostock produzierte »Ostseezeitung« (OZ).

ZOLL

Reisende aus EU-Ländern dürfen bestimmte Abgabemengen zollfrei ein- und ausführen. Dazu zählen u. a. 800 Zigaretten, 90 l Wein, 10 kg Kaffee. Auskünfte: www.zoll.de.
Reisende aus der Schweiz dürfen Waren im Wert von SFr abgabefrei mit heimnehmen. Für Schweizer interessant ist auch die Mehrwertsteuerrückerstattung bei größeren Ankäufen. Auskünfte: www.zoll.ch

ENTFERNUNGEN (IN KM) ZWISCHEN WICHTIGEN ORTEN

	Feldberg	Güstrow	Lübz	Malchow	Mirow	Neubrandenburg	Neustrelitz	Plau	Teterow	Waren
Feldberg	-	115	120	95	50	35	30	100	85	70
Güstrow	115	-	44	50	90	85	100	42	30	60
Lübz	120	44	-	35	65	100	90	15	65	55
Malchow	95	50	35	-	45	65	70	20	40	25
Mirow	50	90	65	45	-	55	25	50	75	45
Neubrandenburg	35	85	100	65	55	-	30	80	55	45
Neustrelitz	30	100	90	70	25	30	-	70	75	45
Plau	100	42	15	20	50	80	70	-	50	40
Teterow	85	30	65	40	75	55	75	50	-	30
Waren	70	60	55	25	45	45	45	40	30	-

Kartenatlas
Maßstab 1:450 000

© MERIAN-Kartographie

Legende

Touren und Ausflüge

○——● Auf der Gartenroute durch die Mecklenburgische Seenplatte (S. 94) Start: S. 120, C1

○——● Kunstpfad und Schlössertour (S. 96) Start: S. 120, B9

○——● Radweg Berlin–Kopenhagen (Fürstenberg/Havel–Güstrow) (S. 98) Start: S. 121, D11

Sehenswürdigkeiten

🔟 MERIAN-TopTen

🔟 MERIAN-Tipp

▭ Sehenswürdigkeit, öffentl. Gebäude

Sehenswürdigkeiten ff.

✳ Sehenswürdigkeit Kultur
✳ Sehenswürdigkeit Natur
♟ ♟ Kirche; Kloster
♟ ♟ Kirchen-; Klosterruine
♟ ♟ Schloss, Burg; Ruine
🏛 Museum; Denkmal
⌖ Leuchtturm
✕ Windmühle

Verkehr

━━━ Autobahn
━━━ Autobahnähnliche Straße
━━━ Fernverkehrsstraße
━━━ Hauptstraße
━━━ Nebenstraße
━━━ Unbefestigte Straße, Weg

Verkehr ff.

▭ Fußgängerzone
🅿 Parkmöglichkeit
Ⓑ Ⓗ Busbahnhof; Bushaltestelle
DB Bahnhof
⚓ Schiffsanleger
✈ ⊕ Flughafen; Flugplatz

Sonstiges

ℹ Information
🎭 🛒 Theater; Markt
⛳ Golfplatz
▲ Camping
Strand
☀ Aussichtspunkt
† † Friedhof
▭ National-, Naturpark

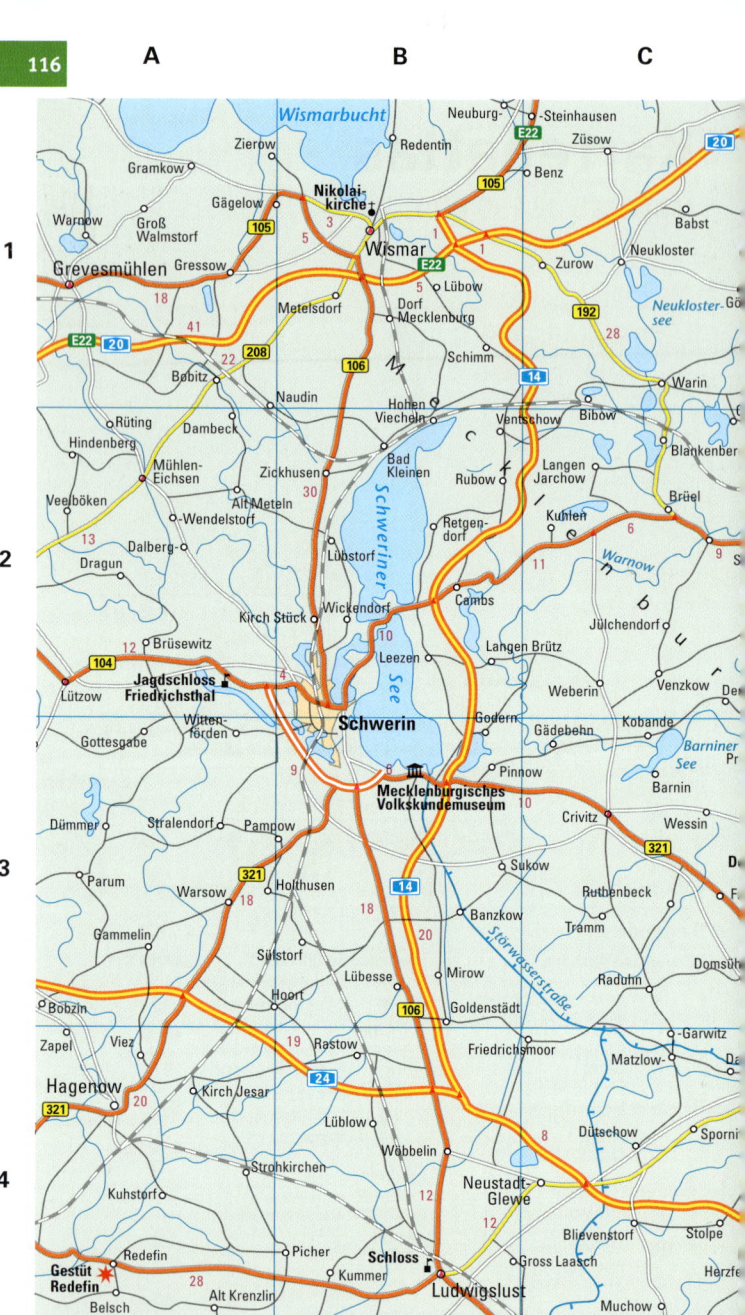

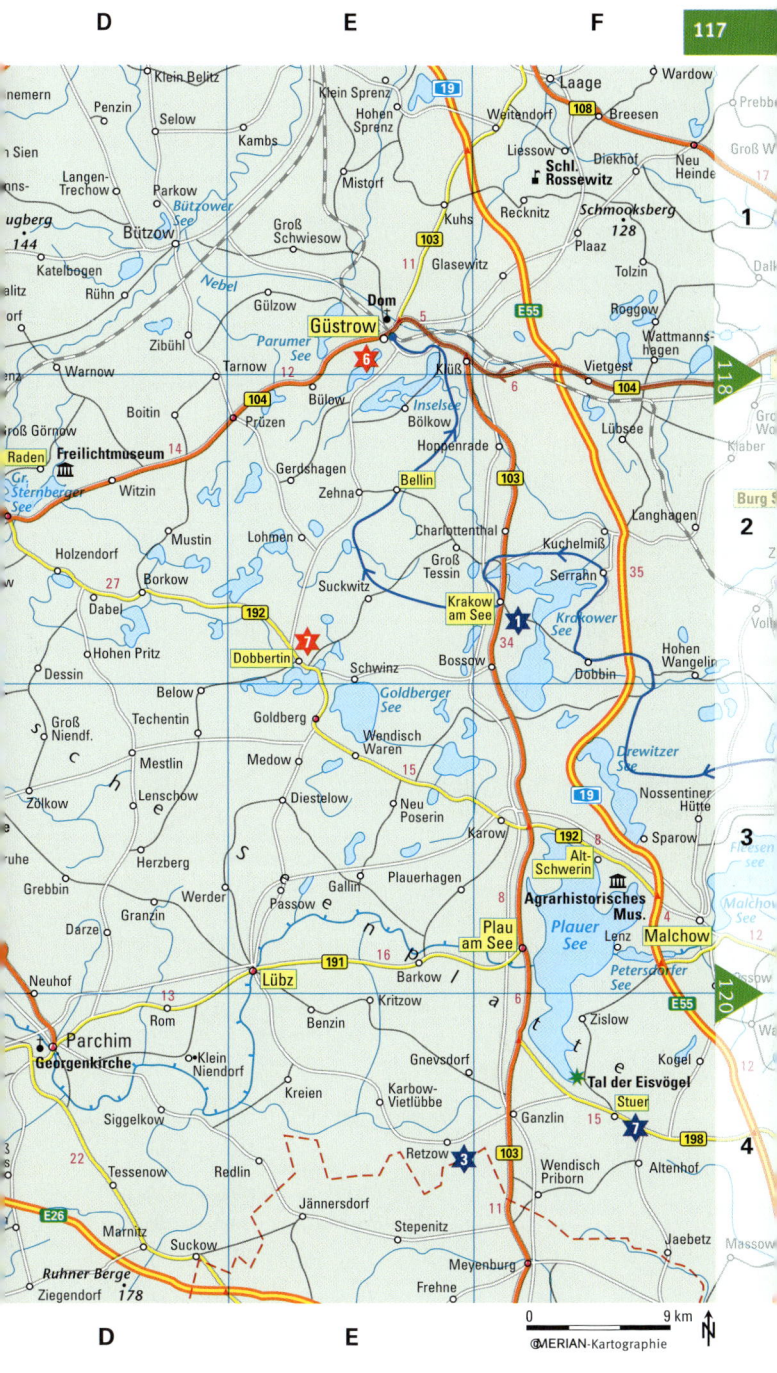

©MERIAN-Kartographie

0   9 km

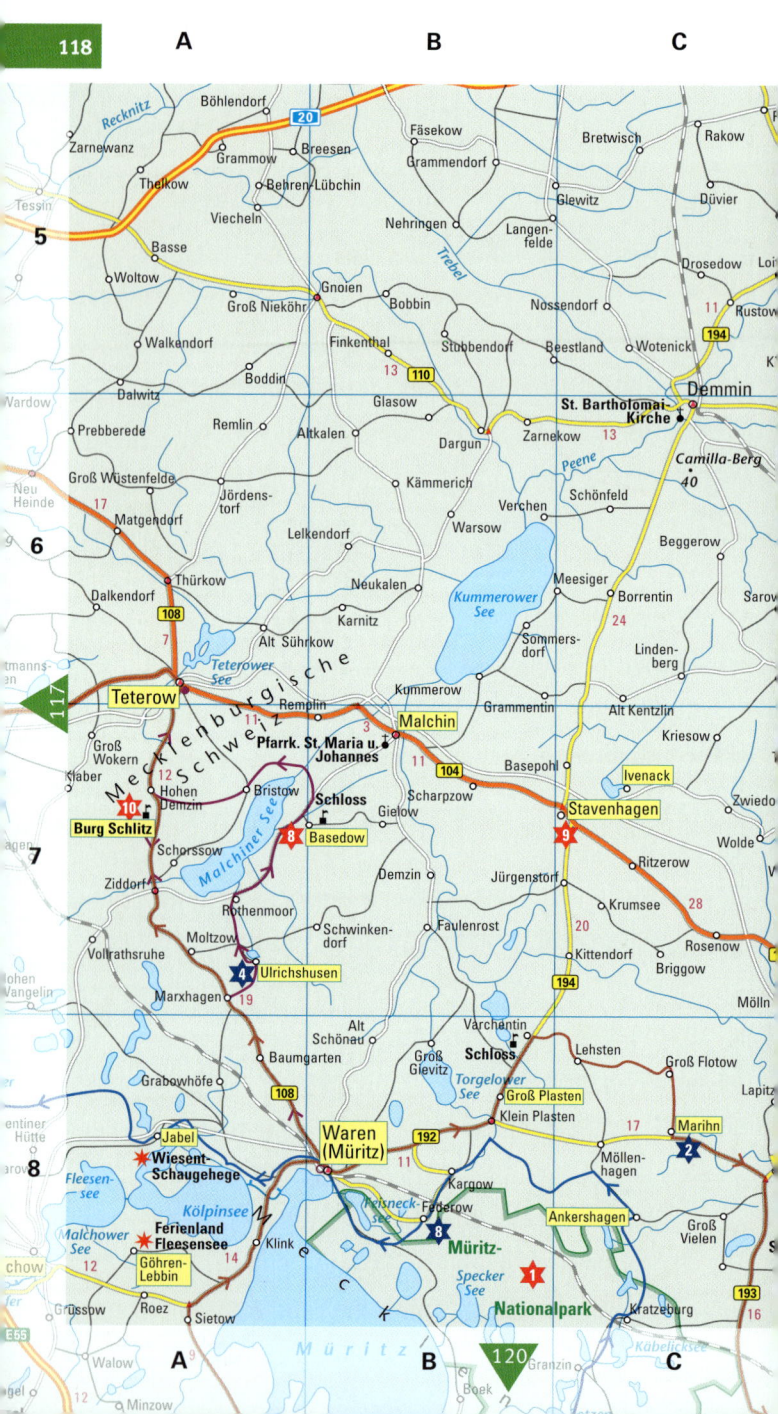

Dersekow
Alt Pansow
Dargelin
Görmin
Trantow
Neu-Jargenow
Jarmen
Tutow
96
5
20
E251
23
Groß Kiesow
Behrenhoff
Dargezin Dambeck
Gützkow
Ranzin
Lüssow
Neetzow
Liepen
Hanshagen
Jägerhof
Krebsow
109
Züssow
111
17
Lühmanns-dorf
Karlsburg
Rubkow
Klein Bünzow
Wasserschloss
Quilow
Groß Polzin
Stolpe
110
Hohendorf
Wehrland
Zemitz
17
Murchin
Ziethen
Anklam
Gnevezin
109
13

5

nbrünzow
Kartlow
Alt-Tellin
17
Hohenmocker
Tollense
Golchen
Burow
14
Gültz
Loickenzin
Altentreptow
Gramzow
Bartow
Breest
Weltzin
Grapzow
Ganzkow
Wodarg
Werder
Brunn
Krien
Medow
Postlow
Blesewitz
199
25
Spantekow
Ehemalige Festung
Japenzin
Schwanbeck
Dahlen
Bresewitz
Salow
Roggenhagen
Neuenkirchen
Görke
Pelsin
Neu Kosenow
25
Ducherow
Borntin
Sarnow
Boldekow
197
Löwitz
Putzarer See
Sandhagen
Schwichten-berg
Friedland
Fleethof
Galenbecker See

6

7

Groß Teetzleben
Kalübbe
Woggersin
E251
Neddemin
Neverin
Chemnitz
Weitin
3
Klosterkirche
Neu-brandenburg
Ihlenfeld
Staven
Genzkow
Heinrichswalde
Sadelkow
Eichhorst
7
Pragsdorf
104
Cölpin
17
Neetzka
Wittenborn
Brohmer Berge
132
Schönbeck
20
Groß Miltzow
Schönhsn.
Schloss
Strasburg (Uckermark)

8

16
Wulkenzin
2
Tollense-see
Alt Rehse
Bargens-dorf
10
25
Ehemalige Burg
Groß Nemerow
96
Lieps
nzieritz
Neuhof
Blankensee
121
Keulenberg
137
Rödliner See
20
Burg Stargard
Ballin
Teschendf.
Cammin
Quaden-schönfeld
19
Bredenfelde
Stolpe
Ballenbeck
Lichtenberg
10
Schlicht
Leppin
Alt Käbelich
Woldegk
198
Göhren
Großer See
Parmensee
Mildenitz
4
104
11
Fahrenholz
Wolfshagen
Schlepkow
198
Schanow

Dammsee
Zer
Fürstenwerder
0   9 km
© MERIAN-Kartographie
N

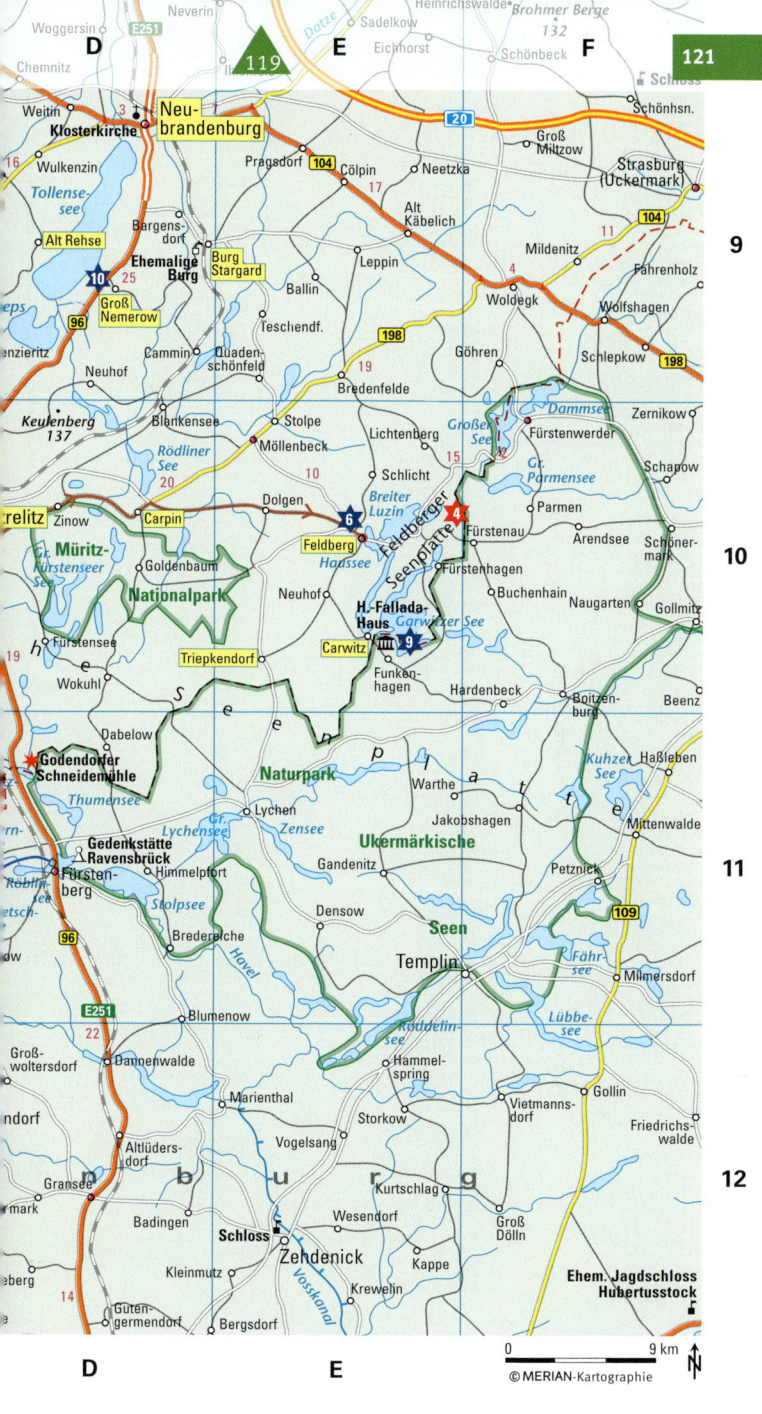

Kartenregister

Orts- und Sachregister

Wird ein Begriff mehrfach aufgeführt, verweist die **fett** gedruckte Zahl auf die Hauptnennung, eine *kursive* Zahl auf ein Foto.
Abkürzungen:
Hotel [H]
Restaurant [R]

Liebe Leserinnen und Leser,
vielen Dank, dass Sie sich für einen Titel aus unserer Reihe MERIAN *live!* entschieden haben. Wir freuen uns, Ihre Meinung zu diesem Reiseführer zu erfahren. Bitte schreiben Sie uns an merian-live@travel-house-media.de, wenn Sie Berichtigungen und Ergänzungen haben – und natürlich auch, wenn Ihnen etwas ganz besonders gefällt.

Alle Angaben in diesem Reiseführer sind gewissenhaft geprüft. Preise, Öffnungszeiten usw. können sich aber schnell ändern. Für eventuelle Fehler übernimmt der Verlag keine Haftung.

© 2013 TRAVEL HOUSE MEDIA GmbH, München
MERIAN ist eine eingetragene Marke der GANSKE VERLAGSGRUPPE.

Alle Rechte vorbehalten. Nachdruck, auch auszugsweise, sowie die Verbreitung durch Film, Funk, Fernsehen und Internet, durch fotomechanische Wiedergabe, Tonträger und Datenverarbeitungssysteme jeglicher Art nur mit schriftlicher Genehmigung des Verlages.

BEI INTERESSE AN DIGITALEN DATEN AUS DER MERIAN-KARTOGRAPHIE:
kartographie@travel-house-media.de

BEI INTERESSE AN MASSGESCHNEI-DERTEN MERIAN-PRODUKTEN:
Tel. 0 89/4 50 00 99 12
veronica.reisenegger@travel-house-media.de

BEI INTERESSE AN ANZEIGEN:
KV Kommunalverlag GmbH & Co KG
Tel. 0 89/9 28 09 60
info@kommunal-verlag.de

TRAVEL HOUSE MEDIA
Postfach 86 03 66
81630 München
merian-live@travel-house-media.de
www.merian.de

1. Auflage

PROGRAMMLEITUNG
Dr. Stefan Rieß
REDAKTION
Richard Schmising
LEKTORAT
bookwise, München
BILDREDAKTION
Tobias Schärtl
SCHLUSSREDAKTION
Ulla Thomsen
SATZ
bookwise, München
REIHENGESTALTUNG
Independent Medien Design,
Elke Irnstetter, Mathias Frisch
KARTEN
Gecko-Publishing GmbH
für MERIAN-Kartographie
DRUCK UND BUCHBINDERISCHE VERARBEITUNG
Stürtz Mediendienstleistungen, Würzburg

TRAVEL HOUSE MEDIA

Ein Unternehmen der
GANSKE VERLAGSGRUPPE

PEFC
PEFC/04-31-1404

BILDNACHWEIS
Titelbild (Segelboot auf dem Fleesensee vor Malchow), imago: NBL Bildarchiv
Alamy 42, 89 • Bärenwald Müritz 35 • basiskulturfabrik 19 • Bildagentur Huber/R. Schmid 10/11, 66, 95, Szyszka 50 • Bilderberg: M. Engler 72, U. Boettcher 64 • Caro: Teich 49 • dpa Picture-Alliance: J. Büttner 73, Euroluftbild.de 58, U. Hildebrand 75, H. Wiedl 78, 84, B. Wüstneck 14, 57, 68, 97 • Getty Images: H. Wohner 102/103 • imagebroker/vario images 99 • imago: Arco Images 29, 92/93, Fellechner 26, U. Schmidt 63, M. Wild 76 • JAHRESZEITEN VERLAG/GourmetPictureGuide 12 • B. Lasdin/Schloss Bornmühle 87 • M. Lawrenz/Festspiele Mecklenburg-Vorpommern 24 • laif: Bernd Jonkmanns 101, M. Kirchner 45, 54, G. Knoll 38/39, G. Westrich 104 • look-foto 4 • mauritius images: imagebroker 36 • J. Sorges 20 • Superbild Splendid Images 40 • Uckermark_tmu GmbH: Kappest 32 • ullstein bild: A. Neubert 71, Teich 2 • vario images: imagebroker 053